La cour des miracles

DU MÊME AUTEUR
AUX ÉDITIONS J'AI LU

Le souci des plaisirs, n° 9122

L'ordre libertaire, n° 10232

Manifeste hédoniste, n° 10280

Le magnétisme des solstices, n° 10965

Le canari du nazi, n° 11218

Cosmos, n° 11378

La force du sexe faible, n° 11818

Décoloniser les provinces, n° 12085

Décadence, n° 12309

MICHEL ONFRAY

La cour des miracles

Carnets de campagne

ESSAI

J'AI LU

À Frank Lanot

« Si l'on considère comment tous les grands évènements politiques, de nos jours encore, se glissent de façon furtive et voilée sur la scène, comment ils sont recouverts par des épisodes insignifiants à côté desquels ils paraissent mesquins, comment ils ne montrent leurs effets en profondeur et ne font trembler le sol que longtemps après s'être produits, quelle signification peut-on accorder à la presse, telle qu'elle est maintenant, avec ce souffle qu'elle prodigue quotidiennement à crier, à étourdir, à exciter, à effrayer ? Est-elle plus que la fausse alerte permanente qui détourne les oreilles et les sens dans la mauvaise direction ? »

NIETZSCHE,
Opinions et sentences mêlées, §321.

Introduction

Rire pour n'en pas pleurer

Votez Voltaire !

Quand on *croit* à la politique, on a la manie du prie-Dieu, de la messe, du sermon, des excommunications, de l'eau bénite, du catéchisme, du bûcher, du bouc émissaire, du bréviaire, des burettes, des oraisons, mais surtout : des génuflexions.

Quand on *n'y croit plus* et qu'on est devenu, comme moi, un athée de la politique, on devient libre. Dès lors, on voit comment le cinéma politico-médiatique s'y prend pour nous faire croire qu'un changement d'homme apportera un changement de politique alors qu'il n'en est rien : il était évident depuis des mois que le nouveau président de la République serait un pion de l'État maastrichien. Le mécanisme consubstantiel à cet État est programmé pour ça.

On pouvait, comme moi, ne pas se plier à ce simulacre de démocratie, ne pas prendre au sérieux cette palinodie, et refuser de se déplacer pour aller à la pêche comme on dit, tout en montrant pour cette mascarade l'intérêt que manifeste le philosophe quand il voit sortir un lapin du chapeau et qu'il se demande non pas quel prodige rend cette chose possible, mais quel truc y-a-t-il pour que cette bestiole apparaisse !

Regarder cette campagne en voltairien et la raconter au jour le jour n'en demeure pas moins un geste politique : car déchirer le voile des fictions contribue au démontage de la servitude volontaire.

Qu'est-ce que regarder en voltairien ? C'est ne pas regarder en rousseauiste. Guère plus avancés, les fâcheux diront : qu'est-ce que ne pas regarder en rousseauiste ? Et ils auront raison.

Je leur répondrai : un rousseauiste regarde le monde avec les œillères idéologiques de celui qui a moins le souci du monde que la passion des idées qui disent le monde. Rousseau portait des lunettes idéologiques qui lui faisaient prendre ses désirs pour une réalité plus vraie que la réalité. Il dispose de nombre de disciples en France, mais aussi sur la planète. Car Rousseau est une névrose...

C'est dans l'ordre ontologique des choses que les hommes préfèrent des illusions qui les sécurisent à des vérités qui les inquiètent. Rousseau est le philosophe des Peter Pan bloqués sur leurs dix-sept ans, car on n'est pas sérieux quand on a dix-sept ans – même s'il faut rester fidèle à cet âge des saines colères. Mais ceci est une autre histoire... S'il y a lieu, l'heure venue de l'autobiographie, j'en ferai peut-être un jour le récit.

Voltaire est le penseur qu'on déteste à l'âge de passer son bac parce qu'à cette heure des premiers poils au menton, on ne connaît rien au monde alors que Voltaire en a fait le tour. En revanche, on aime Rousseau qui, à l'âge d'être père, et pendant qu'il abandonne ses enfants à l'assistance publique, appelle maman la femme avec laquelle il couche...

Rousseau n'a d'yeux que pour Sparte et sa société militariste, misogynie, viriloïde, anti-intellectualiste, phallocrate, agressive, belliciste ; Voltaire a les yeux de Chimène pour la liberté, le bon sens, le raffinement, la drôlerie, l'ironie, l'humour, la joie, la dérision, mais aussi les huîtres, le champagne, la conversation, la lecture. Le premier débouche sur la place dite de la Concorde où l'on décapite ; le second, sur un sourire édenté immortalisé par le buste de Houdon. L'un a du sang sur la conscience ; l'autre, l'écho de rires inextinguibles.

Je fus rousseauiste à vingt-ans ; la vie m'a converti à Voltaire. Mais, Rousseau manquant d'humour et Voltaire d'idéal, j'ai souhaité n'être disciple ni de l'un ni de l'autre, mais de mettre de l'eau ironique voltairienne dans le vin pur rousseauiste. Rousseau a raison de penser en regard de l'idéal, mais tort de ne pas rire plus ; Voltaire a raison de philosopher à partir du réel, mais tort de renoncer à l'idéal.

Je garde du rousseauisme la nécessité d'un idéal et il reste pour moi libertaire ; j'apprends de Voltaire qu'il faut admettre que le réel a lieu et qu'il faut penser avec lui, tout en riant de l'éternel abîme creusé entre le ciel des idées et la boue de la réalité.

Cette *Cour des miracles* est un exercice voltairien ; en tant que tel : français, très français. Quel pays étranger pourrait acheter les droits de ce livre pour le traduire ? Il mélange avec déférence et moindre talent le goût du portrait tel que les moralistes le pratiquaient à l'époque du Grand Siècle : les fameux *Caractères* de La Bruyère par exemple, les cruautés philosophiques des *Réflexions* de La Rochefoucauld ou, au siècle suivant, les anecdotes rapportées par Chamfort dans ses *Maximes*, un penseur qui entre dans la Révolution française par l'idéal et en sort en s'ouvrant les veines.

Il y a dans ces chroniques écrites au jour le jour de l'ironie et de l'humour, de la mauvaise foi et de la polémique, du trait outrancier et de la moquerie, de la satire et du quolibet. Face aux politiques, c'est ce qui nous reste depuis que, sans vergogne, ils nous ont tout pris…

À l'heure où, sous prétexte d'être Charlie, en matière de comique les passions tristes n'obéissent bien souvent qu'à elles-mêmes et ne sont la plupart du temps que des occasions d'effectuer des variations sur le thème de la haine, je souhaite que ces passions gaies (l'humour et la raillerie, la drôlerie et la plaisanterie, la farce et la guignolade, le rire rabelaisien et la facétie swiftienne) nous permettent de rire de ce qui, sinon, ne mériterait qu'une seule chose : qu'on en pleure…

1

La marinière du mauvais garçon

Les brassières de Montebourg

Dimanche 24 juillet 2016

Jadis, à Frangy-en-Bresse, Montebourg organisait une Fête de la rose ; aujourd'hui, finie la rose, la Fête est devenue Populaire. Naguère, il buvait un coup et entamait, un peu éméché, le ban bourguignon ; cette année, les caméras le montrent buvant de l'eau plate.

L'homme qui est allé au gouvernement pour défendre une politique qui n'était pas la sienne, il le savait, s'est étonné qu'il soit allé au gouvernement pour défendre une politique qui n'était pas la sienne.

Montebourg a probablement cru qu'il était appelé au gouvernement pour faire la politique dont il dit depuis peu que c'est la sienne après avoir très longuement défendu celle de François Hollande. S'il l'a cru, il est niais ; s'il ne l'a pas cru, il est cynique. Rien d'ailleurs n'empêche qu'il soit les deux.

Cet homme qui, avec Benoît Hamon, s'est fait mettre à la porte par Hollande n'a de cesse de dire qu'il a démissionné ! Notre époque sans mémoire oublie qu'il transforme ainsi un congédiement en acte de résistance, qu'il fait de ce qu'il a subi hier une chose qu'il prétend aujourd'hui avoir choisie : le domestique viré par son châtelain s'imagine un passé de Jean Moulin afin de s'écrire un futur de général de Gaulle.

Pour ce faire, l'homme qui a voté « Oui » à Maastricht, et qui a ainsi montré, comme Mélenchon qui a fait de même, qu'il n'avait aucun sens de l'histoire, efface ce passé d'apparatchik socialiste pour se présenter comme ce qu'il serait depuis qu'il s'est imaginé un destin présidentiel : un homme de gauche antilibéral.

Ce faux gentil garçon, vraie couleuvre, qui a fait carrière toute sa vie, moins une poignée d'années, dans les couloirs du Parti socialiste (auquel il appartient toujours...) jusqu'à son poste de ministre, pose aujourd'hui en rebelle.

Rien de mieux, pour ce faire, que de jouer sur l'image de la brassière du marin : blanche, rayée bleue, elle est associée au mauvais garçon, car le vêtement rayé, ce fut celui du bagnard, du marin alcoolique, tatoué et bagarreur, ce qu'il n'est pas, une femme dans chaque port, ce qu'il ne doit pas être non plus. Du moins je crois.

C'est aujourd'hui le vêtement de Montebourg en une du *Parisien magazine*. À cette fête qui a cessé d'être socialiste pour devenir populaire, Montebourg n'est pas allé jusqu'à arborer les rayures. Il a laissé cela à une jeune et jolie jeune fille blonde très court vêtue, jambes croisées, cuisses très à l'air, en premier arrière-plan de son intervention. On n'a pas entendu rugir les chiennes de garde là non plus...

2

Les crevettes végétariennes

Mélenchon carnivore

Dimanche 4 septembre

Comme François Hollande en son temps, Jean-Luc Mélenchon fait de son régime amaigrissant un sujet politique. Le premier avait ravalé ses rondeurs, ses bourrelets, son triple menton, son bedon, son gras-double, pour montrer une silhouette affinée, un visage maigre. Tout cela visait à faire comprendre au benêt d'électeur qu'un candidat qui aurait suffisamment de volonté pour manger moins de chocolat en mettrait autant une fois devenu président pour négocier les traités internationaux. On a vu : le candidat devenu président a regrossi à toute allure et sa volonté est apparue pour ce qu'elle était véritablement – une nourriture très allégée…

Mélenchon se saisit à son tour de l'affaire. Il se confie, non pas au *Monde diplomatique*, où les amis de Robespierre doivent plutôt être des amateurs de viande fraîche et de chair crue, le carpaccio de cheval par exemple, mais à *Gala*, où on ne risque pas de l'entreprendre sur la loi de Prairial qui justifiait qu'on envoie à la guillotine des suspects sans qu'ils puissent recourir à des avocats – les gens de robe, pas les fruits…

Patelin, bonhomme, débonnaire, toutes canines rentrées, Mélenchon accueille les « journalistes » de *Gala* dans sa cuisine, où il apparaît aux côtés d'une copie d'idole des Cyclades grecques vendue au touriste. Ça commence mal…

On le voit ensuite s'essayant au couteau – sur des herbes. Le geste ne lui semble pas très coutumier… La minute de film a exigé nombre de montages. C'est saccadé, ça saute. Mélenchon fait ensuite un petit cours sur sommeil, poids et mémoire. C'est digne du Collège de France.

Puis il ajoute, sur une petite musique d'ascenseur : « Je fais des efforts comme d'aut' gens pour passer à un régime alimentaire avec moins de protéines carnées. » Clin d'œil appuyé aux écologistes parmi lesquels on trouve pas mal de végétariens ou de véganes. À l'époque de l'alliance avec le PCF, gageons qu'il aurait intégré un peu de vodka à sa recette.

Puis il avoue avoir fait une découverte majeure il y a deux ans : le quinoa, la plante des bobos, « la plante de l'avenir », dit-il. Nouveau clin d'œil à un autre électorat. Il a déjà celui qui mange des pommes de terre. Le film de *Gala* s'appelle *Passion quinoa*.

Petite leçon sur le calibre des quartiers de tomates, de l'avocat, du concombre, sur le quinoa aussi, bien sûr. Dans les dernières secondes, le naturel revenant au galop, Mélenchon conclut sa recette *végétarienne* : « Et puis y'a les petits bouts de crevettes. » Et il termine avec un « voillâ ! » Le diable est dans les détails…

3

Le gaullisme antigaulliste

Fillon et Guaino sont dans un bateau

Samedi 10 septembre

C'est fou comme le général de Gaulle est pris en otage par des gens qui n'ont rien de gaulliste. Car *parler de Gaulle* n'est pas *agir de Gaulle*. Il y a loin des mots aux choses.

Ainsi Fillon, qui fut pendant cinq ans le Premier ministre de Sarkozy président, découvre, alors qu'il n'est plus Premier ministre et qu'il se bat contre l'ancien chef de l'État pour le devenir lui-même, que le général de Gaulle ne se serait pas présenté aux présidentielles s'il avait été mis en examen.

Certes, mais si Sarkozy a été mis en examen, c'est pour des faits que Fillon n'ignorait pas du temps qu'il était à Matignon. Conséquemment, de Gaulle n'aurait pas été non plus Premier ministre pendant tout le mandat d'un président de la République qui aurait agi de façon à mériter cette mise en examen.

De même avec Henri Guaino, sympathique écorché vif qui a cru qu'en étant Malraux il transformerait en De Gaulle un Sarkozy dont il écrivait certains discours. Hélas, citer Hugo et Michelet, Jaurès et Guy Môquet, Jeanne d'Arc et Jean Moulin, c'est *faire parler en De Gaulle* un homme qui agit en Petit Nicolas – celui de Sempé et Goscinny.

Voilà que le même Guaino envisage de se présenter à la présidentielle : il est contre les primaires parce qu'elles sont antigaullistes, il a raison ; mais parce qu'il est gaulliste, il s'y présente ; puis, parce qu'il est gaulliste, il affirme que s'il ne les gagne pas, il ira quand même, au mépris de la règle du jeu qui veut que les perdants soutiennent le gagnant ; il cherche les signatures afin de pouvoir se présenter, il ne les obtient pas, il annonce donc qu'il ira, mais sans passer par la case primaire… Pas très gaulliste, tout ça !

Ils sont singuliers, ces gens qui prétendent avoir rencontré l'Histoire mais qui, comme Marine Le Pen ou Jean-Luc Mélenchon, ne sont pas même capables d'emporter les suffrages d'un village de cinq cents habitants, voire d'une ville de vingt mille. Je ne parle pas même d'une présidence de département ou de région.

Singulier aussi, cet Henri Guaino qui vit dans les livres et ne voit pas même qu'un homme incapable d'obtenir des parrainages de ses pairs est loin de faire l'unanimité sur son nom ou de porter un projet digne de ce nom, ce qui explique qu'il ne puisse même pas participer à la course qui sélectionnera ceux qui participeront à la course…

Ne pas être présélectionné et dire qu'on part quand même pour gagner la finale est une drôle de conception des choses ! Elle n'est évidemment pas gaulliste ; elle est même antigaulliste car elle met à jour le défaut de la cuirasse politique de tous les prétendants à l'Élysée : c'est leur ego surdimensionné qui les détermine, pas le sens de l'histoire, encore moins l'envie farouche de changer la vie des Français les plus malheureux. Quelle grande pitié que ce personnel politique français...

4

Confusion mentale à *Libération*

Sarkozy, Marine Le Pen et Pétain

Samedi 17 septembre

La confusion mentale du journal *Libération* pose un problème civique. À l'aéroport où je prends un avion pour Lanzarote afin d'aller chez un ami corriger les presque mille pages de *Décadence*, j'avise le titre de une posé au-dessus des visages de Nicolas Sarkozy et de Marine Le Pen : « Primaire à l'extrême droite ».

On ne contribue pas à l'intelligence du citoyen en laissant croire que, quoi qu'on en pense, Nicolas Sarkozy serait d'extrême droite. D'autant que, deux pages plus loin, on apprend que le Front national « opère un timide recentrage ». Zemmour, pour sa part, croit que la dynamique de ce parti initiée par Florian Philippot l'installe désormais à l'extrême gauche ! Une extrême droite d'extrême gauche qui se recentre, voilà qui donne le tournis à l'électeur de base.

L'extrême droite a existé dans l'histoire : elle dispose d'un corpus intellectuel, de penseurs, d'œuvres, d'actions bien connus. Elle existe encore et dispose toujours d'une idéologie très constituée : haine de la démocratie parlementaire, mépris de la République, antisémitisme viscéral, refus rabique de la franc-maçonnerie, opposition radicale à Israël avec un antisionisme avéré, préconisation de méthodes violentes, du passage à tabac des adversaires au coup d'État armé pour installer un dictateur.

On ne sache pas que ni Marine Le Pen ni Nicolas Sarkozy défendent une seule de ces thèses – je dis bien : *une seule*. Quel intérêt ce journal a-t-il d'ajouter à la confusion en faisant du FN un parti qui se recentre et de Sarkozy un candidat d'extrême droite ? Sinon de relayer les éléments de langage donnés par la rue de Solférino, donc par l'Élysée.

Car cette soupe mentale qui contribue à la désaffection des citoyens pour le jeu politique se trouve cuite par le PS, qui a intérêt à la réélection de son champion que la France entière refuse. Joffrin prend ses ordres chez Cambadélis qui les obtient de Hollande. Le journaliste et le chef de parti obéissent ; or, obéir, c'est le contraire de penser.

Pour le PS de Cambadélis comme pour le *Libération* de Joffrin, l'enjeu est simple : il faut laisser croire à l'électeur qu'on prend pour un imbécile, une buse, un crétin, un demeuré, que les Français n'auront qu'à choisir entre l'extrême droite (le fascisme, Vichy ou Pétain selon les jours, Hitler dans les grandes occasions...) et la République (Hollande et lui seul, ou Jean Moulin si on le retrouve...). À ce jeu, il n'y aura que deux vainqueurs : Marine Le Pen et les abstentionnistes. *Libération* aura bien travaillé...

Rappelons que, pour ce genre de magouille mentale, *Libération* touche chaque année près de 10 millions d'euros d'aide à la presse. Cet argent est celui du contribuable. Payer pour se faire désinformer est l'une des beautés de notre époque.

5

Le petit Nicolas

Les gauloiseries de Nicolas Sarkozy

Sarkozy, qui n'est pas à une sottise près, dit : « Au moment où vous devenez Français, vos ancêtres, ce sont les Gaulois. Le modèle, c'est l'assimilation, n'ayons pas peur de le dire. »

On comprend que Patrick Buisson, qui l'a très bien connu, puisse écrire du personnage : « Nicolas Sarkozy apparaît tel un homme sans convictions, inconstant idéologiquement, petit garçon, toujours dans le *selfie*, entouré de courtisans, sans cesse sous l'influence de ses femmes et craignant les réactions que susciterait une mesure trop audacieuse. »

Cet homme qui fut ministre de l'Intérieur, autrement dit patron de toutes les polices et des services secrets, puis chef de l'État, c'est-à-dire commandant des trois armées, puis chef de guerre en Libye avec son ami BHL, est un enfant. Il parle comme un enfant, il se trémousse comme un enfant, il se met en colère comme un enfant, il insulte comme un enfant, il exige et veut comme un enfant, il prend, jette et casse ses jouets comme un enfant. Il court en short et se fait photographier en sueur grimpant les marches de l'Élysée avec une culotte courte comme un enfant.

Comme un enfant, il croit aussi aux balivernes qu'on lui raconte. Du moins : que l'on racontait, jadis, à l'époque de la IIIe République, aux élèves de l'école de la République. À savoir que les ancêtres des Français étaient les Gaulois.

Outre que c'était faire fi des Français de l'Empire colonial, nombreux, dont les ancêtres n'étaient sûrement pas des descendants d'albinos moustachus, de leucodermes comme disent les Noirs qui ont le droit d'être racistes, c'était une façon de dire que les Noirs n'étaient défendables qu'en tant qu'ils devenaient blancs. Ce que Nicolas Sarkozy nomme l'assimilation – comme un Noir assimile un Blanc après l'avoir mangé cuit rose à l'arête...

Aujourd'hui, l'école de moins en moins républicaine et de plus en plus communautariste enseigne plutôt l'inverse : nos ancêtres seraient tout, sauf Gaulois, politiquement correct oblige. Or, l'inverse d'une bêtise est loin de constituer toujours une chose intelligente. Le contraire de Sarko, qui est Hollande, en témoigne...

Sarkozy est en effet capable de tout, c'est d'ailleurs à ça qu'on le reconnaît. S'il faut séduire les racistes en se déguisant en Astérix avant de les emmener voter par la main, il ira.

La grande leçon de philosophie politique qu'il ne faut jamais oublier, c'est que, dans une présidentielle, celui qui emporte les suffrages est celui qui aura été prêt à tout. Plus prêt à tout que son challenger. En regard de ces critères, Sarkozy est bien placé. Mais, suspense, dans un autre genre, moins sautillant et plus avachi, François Hollande l'est aussi. Ils sont l'avers et le revers d'une même pièce de fausse monnaie.

6

Papy fait de la résistance

Juppé veut sauver la France

Vendredi 23 septembre

À propos de Marine Le Pen, Alain Juppé déclare dans *Le Monde* : « Je suis le seul qui peut la devancer au premier tour de la présidentielle et la battre largement au second. C'est très important pour l'avenir, et cela comptera dans le choix des électeurs de la droite et du centre en novembre, puis dans le choix des Français l'an prochain. »

Voilà donc le programme de Juppé : battre Marine Le Pen, qui, désormais, est bel et bien le personnage autour duquel tourne la politique française. Avec quelles idées ? Peu importe, il veut juste battre Marine Le Pen. Or, être contre ne suffit pas à faire un destin. Pas plus qu'être pour, d'ailleurs. Juppé a été *pour* Jacques Chirac pendant des années, voire des siècles, au point d'accepter d'être condamné à sa place, et on a vu toute la misère de cette logique de vassalité.

La grandeur ne se trouve jamais dans la couverture des petitesses. Savoir dire non fait le grand homme alors que toujours dire oui, même et surtout quand il s'agit de couvrir des choses illégales, fait à coup sûr le petit homme.

Juppé opine. Il a toujours opiné. Même quand BHL faisait la politique étrangère de la France à sa place avec Sarkozy et qu'il était au Quai d'Orsay. La guerre en Libye fut son Juin 40. Il n'y a aucun 18 juin dans la carrière de ce gaulliste en peau de lapin.

Juppé est dans la politique depuis 1986. Il est septuagénaire. À peu de chose près, il pourrait être le grand-père d'Emmanuel Macron. Dans des temps troublés par le terrorisme issu de l'islam politique, il défend « l'identité heureuse », mais, comme Sarkozy, il confesse n'avoir jamais lu le Coran, trop compliqué, dit cet agrégé de lettres classiques qui est aussi énarque.

Il a occupé tous les postes politiques possibles de la Ve République : député, ministre du Budget, ministre des Affaires étrangères et européennes, ministre de l'Écologie, du Développement et de l'Aménagement durables, ministre de la Défense et des Anciens Combattants, porte-parole du gouvernement, deux fois président de parti, Premier ministre. Et avec ce passé qui est un passif, il ne serait responsable en rien de l'état de la France ?

C'est la politique qu'il mène depuis le début de sa carrière, libérale, européiste et atlantiste, donc antigaulliste, qui a mis la France à genoux. Il prétend vouloir la relever : mais que n'a-t-il fait pendant trois décennies pour commencer par ne pas la mettre à terre ? Quelqu'un qui a bradé le pays n'est pas le mieux placé pour nous dire qu'il veut lui redonner du lustre.

Juppé veut battre Marine Le Pen avec la politique qui a rendu possible Marine Le Pen. Il veut éteindre le feu avec des flammes, arrêter le tsunami avec de l'eau, stopper le naufrage du bateau en élargissant le trou dans la coque. Il arrive pieds nus, la corde autour du cou, les mains ouvertes devant le suffrage des électeurs. Alain Juppé fut l'homme qui était droit dans ses bottes, mais il n'avait pas de bottes.

7

La Légion du déshonneur

Juppé & Fillon : sales un jour, sales toujours

Octobre

La charte de la primaire de la droite et du centre spécifie noir sur blanc les conditions qui permettent à un électeur *de droite et du centre* de voter pour tel ou tel candidat sélectionné par un système complexe de patronages : être inscrit sur les listes électorales, verser deux euros le jour du vote et, je cite : « S'engager sur l'honneur [*sic*] en signant la phrase suivante : "Je partage les valeurs républicaines de la droite et du centre et je m'engage pour l'alternance afin de réussir le redressement de la France." »

Il est donc bien question *d'honneur* dans cette profession de foi, ce qui, pour moi, n'est pas un vain mot, puisque cette vertu constitue même à mes yeux la colonne vertébrale de tout humain digne de ce nom. Il y a pour moi les gens qui savent ce qu'elle est et ceux qui l'ignorent. Facile ensuite de faire le tri...

Mais voilà que deux candidats à la magistrature suprême qui, en plus, se prennent pour De Gaulle, qui, lui, avait le sens de l'honneur, ont récemment proclamé sans vergogne que la gauche pouvait aussi voter… si c'était pour faire barrage à Sarkozy ! Plus question d'honneur quand il s'agit de pousser au fossé un prétendu compagnon qui appartient à son camp et qui souhaite lui aussi gagner la course. À quoi bon être moral quand il y a prime au vice et malheur à la vertu ?

Alain Juppé et François Fillon ont en effet fait savoir qu'ils étaient preneurs de toutes les voix des « déçus du hollandisme », sous-entendu des voix de gauche également… Un sondage précisant que 7 à 8 % des électeurs dits de gauche sont prêts à voter pour un candidat de droite après avoir juré, sur l'honneur, qu'ils partageaient ses valeurs, on mesure combien, le cynisme aidant, ces deux chevaux de retour ne refuseraient pas qu'on fasse voter les morts pourvu que leurs suffrages se portent sur leur nom. Tout ça pour participer à une course de présélection – on mesure la grandeur de l'enjeu en même temps que la petitesse des joueurs !

Voilà des gens qui n'ont jamais rencontré l'Histoire en face, voire qui, quand elle a été au plus près d'eux, n'ont rien vu. Ainsi, Juppé qui tue le gaullisme en portant les couteaux de Chirac, et Fillon qui boit pendant cinq ans un calice de fiel sarkozyste dans le seul but de rester au pouvoir. Ce sont ces deux cadors d'Ancien Régime qui, pour obtenir une légitimité que je dirais primaire, le mot s'impose, sont prêts à accepter le soutien de centaines de milliers de parjures !

Ce couple-là est donc prêt à entrer dans l'histoire, la petite, n'exagérons rien, par la plus étroite des entrées, celle des égouts, des latrines, des cloaques et des sentines.

Être sans honneur est une chose ; se déshonorer en est une autre. Mais on peut cumuler les deux vices, la preuve. Ajoutons à cela que l'honneur perdu juste une fois l'est pour toujours.

8

Roi du bobard cherche un royaume

Sarkozy et le référendum

Dimanche 9 octobre

Sarkozy ose tout, c'est d'ailleurs à ça qu'on le reconnaît. Il est prêt à tout ce que l'on voudra pour revenir au pouvoir comme il fut prêt à tout pour y parvenir. Rien de neuf sous le soleil politique : la recette est éculée, vieille comme le monde, mais toujours aussi efficace : promettre plus que son rival en sachant ne pas pouvoir tenir les promesses.

Celui qui sait qu'il ne pourra pas honorer ses engagements mais tient tout de même est un cynique ; celui qui ne le sait pas, un abruti. Certes, Sarkozy croit ce qu'il dit, mais il change d'avis toutes les heures. À cette aune, Sarkozy n'est pas cynique…

Il était pour le droit de vote aux immigrés ; puis il fut contre. Il était contre les 35 heures ; puis il fut pour. Il était pour la retraite à soixante ans ; puis il fut contre. Il était pour l'encadrement des mineurs délinquants par l'armée ; puis il fut contre. Il était contre la police de proximité ; puis il fut pour. Il était contre l'augmentation de la taxe audiovisuelle ; puis il fut pour. Il était pour la démission des ministres mis en examen ; puis il fut contre. Il était contre le mariage homosexuel ; puis il fut pour. Il était contre Trump ; il est maintenant pour. Il était pour ne pas toucher à la Constitution ; puis il est pour. Il était pour contenir le déficit public ; puis il fut contre. Il était pour accabler l'Homme dans le réchauffement de la planète ; il ne l'accable plus.

Dans un meeting fait pour montrer sa testostérone, celui qui veut être Chef en chef tient la main de sa femme, ancien mannequin, comme on tient la main de maman. Il claque la bise à la queue leu leu en confondant l'événement avec un soir de réveillon à minuit. Il vibrionne devant son pupitre comme le délégué de classe à qui la maîtresse a confié la tâche d'un discours de distribution des prix – ou plutôt de sensibilisation de ses petits camarades au vivre-ensemble.

Et il ne peut se retenir, c'est sa marque de fabrique, il lâche un nouveau reniement, comme d'autres sacrifient au dieu Crépitus : le voilà désormais pour le référendum ! Il s'agit en effet, ma bonne dame, de flatter le peuple dans le sens du poil qu'il a tailladé et couturé à cause de gens comme lui.

Car, en 2007, c'est le même homme qui s'asseyait sur le résultat du référendum populaire contre le Traité européen en disant alors pis que pendre du référendum – obsolète, inadapté, démagogique, populiste… Le voici affirmant désormais au journal de 20 heures : « Il y a une idée centrale dans mon projet, c'est redonner la parole au peuple français par le référendum. » Quiconque se souvient de la façon dont il a traité le dernier référendum soumis au peuple français peut commencer à plumer le derrière des poules et à faire chauffer le goudron.

9

L'argent du sévice public

Juppé, Sarkozy & NKM télécrantés

Semaine du 10 octobre

Nombre de médias sont en train de se mettre en ordre de marche pour la présidentielle. Dans cette perspective, la journaliste Aude Lancelin, trop gauchiste, a été licenciée de *L'Obs* qu'elle nomme *L'Obsolète* dans un récit intitulé *Le Monde libre*[1], un livre dans lequel elle montre le détail glaireux de la salle des machines du journal créé sartrien par le roi du sanibroyeur, Claude Perdriel, et qui finit macronien racheté par « le roi du porno », Xavier Niel. Cette semaine, sur le visage de François Hollande, l'hebdomadaire titre : « Je suis prêt » – *à tout*, probablement.

Sur le service public, les portraits télévisés des candidats obéissent à la même logique : Alain Juppé est outrageusement élu le candidat des médias. Il faut coûte que coûte qu'il se retrouve au second tour en face de Marine Le Pen présentée comme fascistoïde par la fachosphère de

1. Éditions J'ai lu, 2017, n° 11924.

gauche. Dès lors, le grand jour, le choix n'aura plus qu'à se faire entre Jean Moulin, maire de Bordeaux, et Adolf Hitler, originaire par son père de La Trinité-sur-Mer. Ainsi, le jour dit, la main n'aura pas à trembler...

En vertu de cette stratégie médiatique, il faut envoyer Sarkozy dans les orties. Pour ce faire, le portrait de l'ancien président a été confié par la direction de la chaîne du service public, France 3, à Gérard Miller, journaliste dans son cabinet de psychanalyste et psychanalyste sur le divan de Michel Drucker. Juché sur sa voix de fausset qui se serait pris l'œdipe dans la fermeture éclair, avec juste ce qu'il faut de mépris pour montrer qu'il est objectif, lui qui soutient ouvertement un Jean-Luc Mélenchon très présent dans le documentaire, le tout sur le mode nasillard (du nez, pas du nazi...), le Lacan des *Grosses Têtes* (et non la grosse tête de Lacan) enfonce des portes ouvertes debout sur la pédale de son bulldozer, ce qui, finalement, est beaucoup de bruit pour rien – c'est la même chose avec sa production livresque. Ce monsieur est au monde des idées ce que Sarkozy est à la politique ; ils sont donc faits pour se haïr afin de n'avoir pas à conclure qu'ils sont faits du même bois tordu.

Dans la foulée de ce reportage soviétoïde, la télévision du service public offre au contribuable qui a payé pour ça un portrait de NKM sortie de chez Proust, vaporeuse et tremblante sur ses hauts talons, héritière contente d'elle-même et bobo immatérielle, fausse gentille avec ses enfants et vraie méchante avec un collaborateur tancé au portable, la Castafiore effilée embrasse Manuel Valls comme du bon pain dans son bureau de Premier ministre et José Bové comme une miche croustillante et moustachue. Sans peur du ridicule, au journaliste qui lui demande ce qu'il pense de Chirac disant d'elle que c'est une « emmerdeuse », l'homme du célèbre « Casse-toi pauv'con » dit que ce genre de mot ne fait pas partie de son vocabulaire. S'il le dit…

NKM semble à cette heure n'avoir pour programme politique que de montrer qu'il faut une femme à la primaire. Avec ce genre de projet pour entrer dans l'histoire, elle est sûre de vaincre.

10

Les sept nains antidébattent

La cravate de Bruno Le Maire

Jeudi 13 octobre

La « primaire-de-la-droite-et-du-centre » a donc eu son premier moment télévisuel. La smala médiatique annonçait un débat. On a donc pu voir ce qu'il faut désormais entendre par *débat* : dans un décor de podium d'arrivée du Tour de France à la dominante bleu-blanc-rouge (on a des idées chez les concepteurs de plateaux à TF1...), sept candidats sont passés à genoux, léchant le sol, sous les fourches caudines des grands mamamouchis de ce genre d'opération journalistique – chacun derrière son pupitre, fixant les caméras, donc ne se regardant pas, chacun monologuant sur une question technique, chacun parlant avec l'œil rivé sur le chronomètre, chacun présentant en une minute son projet pour la France, donc pour l'Histoire, chacun acceptant de poireauter deux heures debout pour parler une quinzaine de minutes fractionnées en six ou sept jactances, chacun bien décidé, quelles que soient les questions, à régurgiter les fiches rédigées par les technocrates de leur campagne, chacun, donc, crut avoir rendez-vous, sinon avec l'Histoire, du moins avec ses électeurs.

En fait, chacun n'eut rendez-vous qu'avec les parts de marché, avec l'audience. L'audimat a en effet permis à la chaîne privée, TF1, à la radio privée, RTL, et au journal privé, *Le Figaro*, partenaires de cette soirée, de balancer six longues minutes de publicité comme d'autres la purée au moment d'acmé de cerveau disponible. Six minutes, c'était presque la moitié du temps de parole de NKM.

Pas de problème, du cerveau disponible, il y en avait à revendre, l'organe n'ayant pas été beaucoup usé par ce qui ne fut rien d'autre qu'une collection de monologues autistes, un pitoyable enfilage de soliloques.

De fait, ce fut un grand moment d'antidébat où la politique a montré ce qu'elle est finalement devenue : une farandole d'ego dissociés, une danse de Saint-Guy de narcisses éperdus d'eux-mêmes, un oral de Sciences Po avec chiffres et pourcentages en guise de moments les plus littéraires…

Ah oui, j'allais oublier : la grande information de ce faux débat fut tout de même que Bruno Le Maire, né à Neuilly, énarque, normalien, agrégé de lettres, ancien élève de l'Institut d'études politiques de Paris, auteur Gallimard, ancien directeur de cabinet du Premier ministre Villepin, secrétaire d'État aux Affaires européennes, ministre de l'Agriculture, de la Ruralité et de l'Aménagement du territoire, un homme neuf, donc, ne portait pas de cravate et que c'était là le signe subliminal qu'il était *vraiment* le candidat de la rupture. Il aurait pu choisir la jupe, mais c'était déjà préempté ; il a donc opté pour le col ouvert. En voilà un homme qu'il est libre !

Cet homme qui clame sur tous les toits que son handicap, c'est son intelligence, avait en effet montré jusqu'où elle était capable d'aller et quel degré d'insoumission il était capable d'afficher. Pareille démonstration méritait bien deux heures d'un pareil clystère...

11

La réponse du berger à la bergère

Cécile Duflot, candidate égologique

Mercredi 19 octobre

Les Verts sont une étrange corporation ! Leurs ministres utilisent des avions qui les conduisent partout sur la planète dans le seul but de dénoncer le rôle néfaste des avions en matière d'empreinte carbone ; ils applaudissent des deux mains à la COP21 qui rameute à Paris les chefs d'État du monde entier venus avec leurs Airbus et leurs jets privés qui polluent en un week-end plus que le département de l'Orne en deux mille ans ; ils aiment la nature, mais vivent dans les quartiers bobos des mégapoles ; ils détestent la voiture et croient qu'en plein milieu du Cantal ou de la Lozère les ruraux n'ont qu'à prendre le métro ; ils ne pèsent rien dans l'électorat mais ils sont tout dans la constitution des majorités présidentielles de gauche ; ils sont sans cravate pour les hommes et avec un jean dans l'hémicycle pour les femmes, mais ils adorent les huissiers à chaînes qui leur ouvrent les portes une fois installés dans leurs ministères, ils militent en faveur de la frugalité mais disposent de l'application « La Décroissance » sur leur iPhone ; ils veulent supprimer le défilé du 14 Juillet mais ne disent rien contre les guerres fomentées par les gouvernements dits de gauche dans lesquels ils vivent en satrapes. Et *tutti quanti*...

Madame Cécile Duflot a donc été éjectée de la primaire écologiste au premier tour, et ce, au profit de Yannick Jadot, qui arrive en tête alors qu'elle avait contribué à le discréditer auprès de François Hollande quand il fut question de choisir un ministre parmi les Verts – on sait ce qu'il en a été : la dame hérita du maroquin. Il y en eut un aussi pour Jean-Vincent Placé, qui avait eu le bon goût en son temps de vivre avec Cécile Duflot quand elle est devenue secrétaire nationale des Verts. Le succès de Jadot est aujourd'hui un genre de réponse du berger à la bergère verte – de rage...

Échec cinglant, cuisant, blessant, offensant pour cette dame qui eut son temps de gloire ministériel, donc médiatique, dans le seul but de préparer sa candidature aux présidentielles avant de quitter le gouvernement avec des moulinets et des effets de manche eux aussi médiatiques. La voici donc échouant avant même d'avoir commencé. Elle croyait, ai-je lu, pouvoir se retrouver devant Marine Le Pen au second tour ! Plus égologique que ça, tu meurs...

Elle fait partie de celles et ceux, nombreux, qui crachent dans la soupe hollandaise après s'en être gobergés ; elle a en effet déballé ses états d'âme dans un livre intitulé *Le Grand Virage* qui s'est vendu l'année de sa sortie... à 1 543 exemplaires !

Jean-Vincent Placé en avait quant à lui vendu 552 avec *Pourquoi pas moi !* – un titre qui parle tout seul.

Avec un pareil succès de librairie, nul n'est besoin d'être prophète ou de disposer d'un conseiller en communication pour estimer que le signataire du livre souffre d'un déficit d'affection des lecteurs qui sont aussi des électeurs. La seule obsession de la carrière ne suffit pas à faire un destin.

Yannick Jadot reste en lice avec Michèle Rivasi, une camarade avec laquelle il est à couteaux tirés depuis l'époque où ils travaillaient tous les deux à Greenpeace. On le sait, Jadot est politiquement compatible avec Hollande – qui est donc le vainqueur de ce premier tour…

12

Les deux corps du roi

François Hollande, Sphincter Ier

Octobre

Le passé d'un homme renseigne toujours sur son futur : je ne crois pas à la rédemption. Ce qu'a fait François Hollande avant de devenir président de la République est égal à zéro : pourquoi serait-il devenu un grand président, lui qui ne fut qu'un petit premier secrétaire du PS ? Il a été le porte-flingue de l'Europe de Maastricht pendant des décennies ; il l'est resté comme chef de l'État – en étant si peu chef et en détruisant l'État chaque jour un peu plus ; il le serait encore s'il devait le rester.

La parution de *Un président ne devrait pas dire ça* montre qu'en plus de n'avoir ni testicules politiques, ni cœur avec ses compagnons politiques, ni épine dorsale avec l'Histoire, ni muscles avec le réel, cet homme n'a pas non plus de cerveau avec le reste du monde.

Comment en effet un individu marqué par l'onction des millions de voix du suffrage universel peut-il s'abandonner régulièrement en compagnie de gens qui vivent de rapporter les ragots en général et, dans ce cas particulier, auprès de deux journalistes du *Monde* avec lesquels il regarde aussi le football à la télévision ? Il faut bien qu'anatomiquement cet homme soit également dépourvu de sphincters en état de marche.

Voilà probablement pourquoi cette flaccidité qui ne fait rien, ou qui fait mal ce qu'elle fait, se trouve obsédée par les traces qu'elle va laisser dans l'histoire. Des traces ? Il en est certaines qu'on préférerait ne pas laisser derrière soi et ce sont explicitement celles qu'il imprime en agissant de la sorte.

En vertu des principes freudiens selon lesquels : oui c'est non, non c'est oui, vouloir c'est ne pas vouloir, ne pas vouloir c'est vouloir, blanc c'est noir et noir c'est blanc, un psychanalyste bien dans son rôle affirme que ce livre existe pour que, président, François Hollande ne puisse pas se représenter !

On peut faire plus simple sans forcément s'embrener de la sorte avec Freud entre les jambes : un renoncement clair et net, eu égard aux engagements qu'il n'a pas pu tenir, lui offrirait un panache qu'il n'a jamais eu. Il pourrait même, avec un panache moindre, expliquer combien la machine administrative et technocratique française paralysée interdit toute action véritablement dérangeante dans l'ordre social. Ce qui, en plus, est vrai. En fin de mandat, il aurait pu invoquer la jurisprudence Benoît XVI.

La leçon de ce livre est simple : François Hollande est en effet un homme normal, car il dit en privé autre chose, voire le contraire de ce qu'il proclame en public, ce qui est le cas d'une majorité de gens normaux – psychanalystes compris.

S'il déclare effectivement en privé qu'il y a trop d'immigration dans le pays et qu'il affirme en public que cette immigration est une chance pour la France, il n'est rien de moins que schizophrène, une pathologie devenue la norme en nos temps nihilistes. Au poste qu'il occupe, ce grand écart montre qu'il n'a pas non plus de cortex.

Avant de poser son fessier sur le trône, la lecture du livre *Les Deux Corps du Roi* de Kantorowicz aurait dû lui être imposée par Gantzer, son conseiller en communication – un bon, celui-là...

Le chef de l'État y apprendrait qu'après avoir été élu, son corps tangible se double d'un corps politique qu'il *incarne*, au sens étymologique – auquel il donne chair. Ces deux corps sont liés ; voilà pourquoi le corps concret du souverain disparaît le temps de l'exercice du pouvoir sous son corps politique.

Hollande n'a qu'un corps sans testicules, sans cœur, sans cerveau, sans épine dorsale, sans muscles, sans colonne vertébrale, sans cortex – avec juste un sphincter. Un Flamby couleur chocolat.

13

Je t'aime, moi non plus

Poisson dans la nasse

Vendredi 4 novembre

Au lendemain du deuxième vrai faux débat de la primaire, les vrais sujets, les vraies questions, les vrais problèmes n'ont toujours pas été abordés : il n'est pas question d'histoire, de projets politiques pour une longue durée, de destin de la France et de l'Europe, des modalités de la relation entre notre pays et cette machine bureaucratique qui ne vit que de détruire les nations pour en faire des confettis au profit des marchands.

Juste des questions d'ego, des vacheries, des piques, des vannes, chacun ayant été un jour l'obligé de l'un entre tous, Sarkozy – sauf Jean-Frédéric Poisson.

En acceptant ce jeu de la primaire, le patron des démocrates-chrétiens s'est engagé sur l'honneur (une vertu avec laquelle on ne transige pas chez Les Républicains !) à soutenir le candidat qui gagnera.

On sait que ça ne sera pas lui et l'on sait également que celui qui gagnera se trouve sur des positions radicalement hostiles aux siennes : comme la gauche de gouvernement, les candidats de droite sont tous pour l'Europe libérale de Maastricht ; il est contre. Comme la gauche de gouvernement, les candidats de droite sont tous pour le mariage homosexuel ; il est contre. Comme la gauche de gouvernement, les candidats de droite sont tous partisans de l'avortement ; il est contre. Comme la gauche de gouvernement, les candidats de droite sont tous contre des alliances avec Marine Le Pen ; il est pour. Comme la gauche de gouvernement, les candidats de droite sont tous contre Donald Trump ; il est pour. Comme la gauche de gouvernement, les candidats de droite sont tous pour une politique atlantiste ; il est contre. Comme la gauche de gouvernement, les candidats de droite ne sont pas souverainistes ; il l'est. Comme la gauche de gouvernement, les candidats de droite ont tous gouverné avec le même logiciel libéral pendant un quart de siècle ; pas lui.

Est-ce que ce candidat qui se dit démocrate et chrétien défendra le contraire de ce qu'il pense ? Auquel cas il sera parjure. Ou bien se déliera-t-il de cet engagement ? Auquel cas il sera aussi parjure. Il n'a le choix qu'entre deux modalités du parjure.

Or, lui qui est docteur en philosophie et connaît son Aristote et son Thomas d'Aquin sur le bout des doigts ne peut l'ignorer. Est-il menteur donc fourbe ? Ou sera-t-il renégat donc cynique ? Désormais, il n'a le choix qu'entre deux façons de se déshonorer.

Dès lors, il a bien sa place au milieu de cet aréopage de bouffons immoraux et il a toute légitimité à y tenir la chandelle chrétienne – à défaut d'y porter la flamme de la démocratie.

14

Parti communiste à vendre

Pierre Laurent, Judas de la classe ouvrière

Vendredi 4 novembre

Le parti communiste n'a que faire des travailleurs. Comme s'il n'existait pas un nouveau prolétariat, il y a bien longtemps qu'il a banni le mot prolétaire de son vocabulaire pour le laisser au Front national. En ce sens, il y eut bien un programme commun de la gauche : ce fut celui de tabasser le prolétaire.

J'ai connu un PCF à la faucille et au marteau, embrassant Brejnev à pleine bouche baveuse, faisant fonctionner la machine à vapeur communiste au rouble, estimant que Soljenitsyne était payé par la CIA, envoyant le bulldozer rouge contre les foyers de travailleurs immigrés, c'était le PCF de Laurent père, Paul.

Le PCF de Laurent fils, Pierre, sénateur, c'est tout dire, est devenu une petite boutique à frites postmarxiste, un tripot qui vend sa marchandise idéologique frelatée en contrebande, un syndicat de notaires qui entretient le patrimoine de ses permanents en faisant des placements, autrement dit : en se vendant au plus offrant.

Jadis, de Mitterrand à Jospin, les socialistes semblaient les plus à même de faire bouillir leur marmite place du Colonel-Fabien ; c'est donc à eux que le PCF se vendait. En même temps qu'ils aimaient Lénine, le « grand héros de la Révolution », et Staline, « le petit père des peuples », ils dansaient la bourrée avec Mitterrand, l'ami de René Bousquet, l'homme qui déporta les juifs au Vél' d'Hiv. Au PC, on aime les hommes à poigne…

Aujourd'hui, « le Parti », comme on disait au siècle dernier, s'offre à Mélenchon comme une fille des rues au lubrique qui va la violer pour quelques pièces de monnaie. Voilà en effet que le PCF soumet au vote fin novembre son soutien aux présidentielles à celui qui les méprise ouvertement dans tous les médias depuis des mois.

Plus question de travailleurs ou de prolétaires, de révolution ou d'homme nouveau, de dialectique et de masses qui font l'histoire au PCF ; c'est désormais : « Vive le mieux placé pour sauver les intérêts de boutique du Parti ! »

Au PCF, on cherche à maintenir les élus dans les municipalités, les cantons, les départements, les régions, l'Assemblée nationale, le Sénat, voire le gouvernement. C'est juste une question d'argent, de fric... Finie l'idéologie. Désormais, au PCF, on pense comme un comptable, un banquier, un DRH libéral. Jadis, c'était la *Pravda*, aujourd'hui, c'est à *Prada* qu'ils louent leur bâtiment pour des défilés de mode. Or chacun sait que « le diable s'habille en Prada ».

Plus question de se soucier des gens de peu quand on n'a plus pour seul objectif que d'être des révolutionnaires professionnels en portant les valises d'un robespierriste amoureux de Mitterrand.

Les élus et les permanents du Parti vivent en satrapes de droite tout en continuant à parler à gauche. Cet esprit de boutiquier a envoyé dans les bras de la famille Le Pen un très grand nombre de ceux qui tractaient pour le Parti, vendaient *L'Huma* et payaient leur cotisation.

Actuellement, le PCF creuse le sol électoralement ; il ne peut donc y aller seul. Se vendre aux socialistes en état de mort cérébrale est impensable ; se brader à un Robespierre en peau de lapin leur évitera médiatiquement de creuser le sous-sol.

Je vois mal comment le PCF pourrait ne pas voter pour ce soin palliatif. Mélenchon peut arrêter de manger du quinoa pour séduire les électeurs verts, désormais dans les choux avec Duflot, il va pouvoir se remettre à la viande rouge. On sait qu'il aime le sang.

15

Le cave se rebiffe

Ça saigne avec Chassaigne

J'ai eu à demi tort : les cadres du PCF, *via* leur conférence nationale, ont refusé de s'installer dans le *side-car* présidentiel que Mélenchon pilote crinière au vent. Plus de la moitié souhaite une candidature autonome. Une claque pour Robespierre-le-Petit venue du camp des robespierristes eux-mêmes, c'est dire l'ambiance !

Cette candidature pur porc PC pourrait être celle d'André Chassaigne, député du Puy-de-Dôme qui, pour avoir fréquenté le personnage, sait que Mélenchon est un autocrate incapable de travailler avec quiconque ne se soumet pas à lui, à ses idées, à ses caprices, à sa personne, à ses foucades, à ses revirements, à ses écarts, à ses frasques : certes, il aime les insoumis, mais pas chez lui où l'ordre règne comme chez les Castro – Fidel et Raoul, pas Roland, l'architecte, qui fut communiste après avoir été maoïste puis mitterrandien et qui est désormais macronien, un bon résumé de trajet soixante-huitard.

Le Point rapporte que Mélenchon aurait récemment traité les communistes d'« abrutis » – il a démenti… En effet, ce vocabulaire n'est pas de son genre et il n'est pas dans son style de pratiquer l'insulte. Cet homme est courtois et poli, raffiné et plein de civilité.

Au contraire de Mélenchon, qui n'a jamais réussi à être élu maire d'une ville ou d'un village, conseiller général d'un canton ou député d'une circonscription, mais qui a pendant des années vécu du fromage socialiste comme sénateur, c'est dire, puis du fromage du Parti de gauche (PG), qu'il a créé, en tant que député européen tête de liste, c'est dire aussi, André Chassaigne est l'un des communistes les mieux élus.

C'est le même André Chassaigne qui dit : « Avec Jean-Luc Mélenchon, on est face à une dérive égocentrique qui s'accompagne de divergences de fond. » Retrouvant le verbe d'un Georges Marchais, le bretteur auvergnat ajoute même qu'« il ne s'agit pas d'aller manger du quinoa dans la main de Mélenchon ». On voit que, pour se distraire de la lecture de *L'Humanité,* André Chassaigne lit aussi *Gala*, le journal dans lequel l'homme providentiel a donné sa recette de quinoa végétarien… avec des crevettes ! Un genre de programme commun alimentaire qui réunit les véganes et les poissonniers.

Les militants communistes voteront eux aussi fin novembre. Pierre Laurent n'a plus d'autorité. Le désaveu que lui infligent les cadres du parti qu'il dirige devrait le conduire à donner sa démission. Mais la véritable démocratie n'est pas de ce monde : elle n'a jamais été très prisée place du Colonel-Fabien, il n'y a pas de raison que ça change. On ne change pas une équipe qui perd.

16

Quand dire, c'est faire

Macron le serpent

Mardi 8 novembre

Macron ira donc seul, en dehors de la primaire socialiste, aux présidentielles. Hollande ne l'avait pas vu venir, pas plus qu'il ne voit quoi que ce soit d'autre d'ailleurs... La vieille histoire du serpent réchauffé dans son sein qui vous mord un jour trouve là une nouvelle illustration. Les choses se compliquent pour le président sortant : désormais, y a-t-il encore une place pour un autre « socialiste » à ces prochaines présidentielles ?

Emmanuel Macron le socialiste (eh oui !) dit tout haut ce que les socialistes font tout bas depuis le virage de la rigueur en 1983 : il est donc le candidat naturel des socialistes ! Ce fringant trentenaire n'a-t-il pas passé dans l'ombre la première partie du quinquennat de Hollande à le conseiller en matière d'économie avant d'entrer dans la lumière en devenant son ministre de l'Économie et des Finances ? Politiquement, Macron, c'est Hollande sans l'embonpoint qui le dissimule.

Pourquoi se décide-t-il ce 8 novembre ? Je propose de mettre en perspective cette décision avec le décès vingt-quatre heures plus tôt de celui que la presse présente comme son « mentor » : Henry Hermand. Très riche, très beau, très élégant, très mécène, très influent, apprend-on dans toute la presse, ce nonagénaire parlait d'Emmanuel Macron comme de son « jeune fils spirituel ». Cet homme qui commence sa carrière en travaillant pour le nucléaire, qui fit sa fortune dans les supermarchés, qui collectionnait les œuvres d'art, qui finançait nombre de journaux de la gauche de droite, qui fut à l'origine du funeste *think tank* Terra Nova tellement actif pour que le FN prospère avec un peuple jeté par lui aux poubelles de l'histoire, a « repéré », pour utiliser le mot choisi par un journaliste du *Monde*, « un jeune khâgneux diplômé de Sciences Po et de l'ENA » alors stagiaire à la préfecture de l'Oise. « Il le prend bientôt sous son aile, l'invite en vacances à Tanger, est témoin à son mariage avec Brigitte Trogneux en 2007 », poursuit le journaliste. Cette déclaration pourrait être une façon de tenir une promesse *post mortem*.

Ce vieux monsieur que cinquante-trois ans séparaient d'Emmanuel Macron n'avait pas aimé que son protégé s'expose dans les médias. En l'occurrence dans *Paris-Match* : « C'est *people*, avait-il dit, c'est médiocre, notamment la photo avec le nudiste... » Henry Hermand n'aimait donc pas qu'Emmanuel Macron, en short sur la plage, tenant la main de sa femme, se penche alors qu'elle le lui cachait involontairement, pour regarder un monsieur tout nu – ce qui avait entraîné un sourire béat du ministre.

Quelques heures plus tard, la communication de Macron annonçait qu'il ne se présentait pas aux présidentielles, mais qu'il le ferait le 10 décembre ! Dire qu'on le fera, c'est le faire, aurait dû savoir celui qu'on présente comme l'assistant de Paul Ricœur. Le philosophe Austin nommait *performatives* ces phrases. Ce serpent sorti du sein de Hollande ondule plus que jamais avant de mordre son ancien ami. Ça promet.

Post-scriptum : Le mercredi 16 novembre, le journal Le 1, *qu'il finançait, consacre un numéro spécial à Henry Hermand. On y apprend qu'il entre dans la Résistance en... 1944 ! On ne nous dit pas si c'est après le 6 juin... Il avait alors 20 ans.*

17

L'ambidextre ambiguë

Les deux mains de Marine Le Pen

Jeudi 10 novembre

« On ne sort de l'ambiguïté qu'à son détriment », écrivait le cardinal de Retz. Les imbéciles croient que la formule est de Mitterrand, qui n'avait pas le guillemet facile et qui a souvent emprunté le génie à plus grand que lui ; il a ainsi oublié de préciser que « donner du temps au Temps », qui passait pour une autre de ses saillies, il en eut tant, n'était pas de lui mais de Cervantès.

Marine Le Pen connaît l'adage du cardinal et le pratique. Elle sait que ce qu'elle a de mieux à faire est de ne rien faire ; que l'étripage des primaires de droite et l'électroencéphalogramme plat de la gauche travaillent en sa faveur ; que l'actualité remplit sa besace électorale ; que presque tous ceux qui aspirent à la présidence ont participé aux différents gouvernements toxiques depuis un quart de siècle et qu'elle est la seule à pouvoir dire qu'elle n'en fut pas.

Mais, parfois, Marine Le Pen sort de sa tanière, elle parle un peu, puis y retourne. Ce jour, elle commente l'élection de Trump et s'en réjouit : comment cette femme qui prétend lutter contre la corruption peut-elle s'enthousiasmer pour l'élection d'un corrompu ? Comment cette femme qui attaque le capitalisme peut-elle applaudir au succès d'un multimilliardaire ? Comment cette femme qui flatte le peuple peut-elle clamer sa dilection pour un homme dont la politique antisociale va ravager les pauvres ? Corrompu, capitaliste, multimilliardaire, ennemi du peuple, on peut trouver meilleure carte de visite...

Certes, Marine Le Pen, c'est le FN, comme Marion Maréchal-Le Pen. Mais la première travaille avec un ancien chevènementiste homosexuel qui avoue sa passion pour le général de Gaulle ; la seconde manifeste contre le mariage pour tous et louche du côté de ceux qui, au Petit-Clamart, auraient bien voulu faire la peau dudit général. L'ancienne affiche un programme économique proche du PCF à son époque bolchevique ; la jeunette préfère celui d'Alain Madelin si l'on veut rester *vintage*. L'une parle à voix basse sur l'avortement ; l'autre s'y oppose violemment. Ce FN sent l'attrape-mouche !

Qu'est-ce en effet qu'un parti dans lequel l'homosexualité est une banalité en même temps qu'une pathologie ? Un parti dans lequel l'un s'agenouille sur la tombe de Colombey alors que l'autre y pisse comme Sartre sur celle de Chateaubriand ? Un parti dans lequel on cajole l'ouvrier le temps qu'un autre le bastonne ?

Rejeton de la télévision, Trump a parlé pour séduire ; il ne gouvernera pas comme il a parlé : aux États-Unis, ça n'est pas le président qui gouverne, c'est l'argent, Wall Street, le complexe militaro-industriel, les lobbies, les banques privées.

J'ai dit ailleurs que Trump était la poupée gonflable du capital. Marine Le Pen prend Trump pour modèle – s'il lui arrivait le même destin, elle serait elle aussi la poupée gonflable du capital. Et, comme toujours, les pauvres seraient les dindons de cette farce – comme ils vont l'être avec le milliardaire peroxydé.

18

La crevette est un légume comme les autres

Et Mélenchon créa la Femme...

11 novembre

Plus c'est gros, plus ça passe. Nous avons quitté Mélenchon dans sa cuisine avec des « journalistes » de *Gala* à qui il expliquait que, pour sa forme physique, et non par opportunisme politique, bien sûr, il était devenu végétarien. Cynique et opportuniste en diable, l'auteur germanophobe du *Hareng de Bismarck* savait que sa stratégie du cavalier seul lui aliénerait le PCF et que, dès lors, il lui fallait loucher du côté des écologistes – d'où le quinoa électoral, la crevette des urnes et le végétarisme d'occasion.

Cette stratégie grosse comme une petite maison a séduit une vieille électrice et militante du Front national de Jean-Marie Le Pen, l'homme du Front de taureau. Cette dame âgée en tout, j'ai nommé Brigitte Bardot, l'inoubliable interprète de *Je danse donc je suis*, épouse un conseiller du FN en 1993 ; elle soutient Mme Mégret à Vitrolles en 1997 ; elle dit depuis toujours sa proximité avec le parti de Jean-Marie Le Pen sur les questions d'immigration ; elle est condamnée par le tribunal de Paris pour « incitation à la haine raciale » en 2008 ; elle vote Marine Le Pen aux présidentielles de 2012 ; en août 2014, elle compare Marine Le Pen à Jeanne d'Arc et souhaite qu'elle sauve la France. Plus d'anciens quartiers de noblesse au FN, c'est rare !

Voici donc que l'interprète jadis yé-yé de la chanson *Je me donne à qui me plaît* s'offre à Robespierre-le-Petit. Et pourquoi lui plaît-il, je vous le demande ? À cause de sa soudaine dilection pour le quinoa et son récent souci de la souffrance animale. Car l'homme qui vénère la guillotine pour les hommes qui ne pensent pas comme lui a des frissons dès qu'il s'agit du calvaire d'un veau, même s'il ne pense pas comme lui.

Finalement, cette grossière stratégie de l'attrape-mouche fonctionne ! Dire ce qu'on ne pense pas pour obtenir des voix, c'est très exactement ce qui définit la démagogie et le démagogue.

La même année que *Je me donne à qui me plaît*, en 1963, Brigitte Bardot chantait une autre chanson programmatique : *Faite pour dormir*. Dommage qu'elle n'ait pas cru bon de mettre en pratique ce qu'elle annonçait alors. Un autre point commun avec l'homme qui aimait l'homme qui aimait les abattoirs, pourvu qu'ils saignent des humains…

19

Maquillé comme une voiture volée

Macron au garage

Mercredi 16 novembre

Voilà, c'est fait, Macron qui avait dit qu'il dirait a dit qu'il y va. Il est donc candidat aux présidentielles sans passer par la case primaires. Étonnant, non ?

Pour sa déclaration, il a choisi un centre d'apprentissage de Bobigny en Seine-Saint-Denis, avec voitures en panne bien en évidence – des Citroën en l'occurrence, pas des Ferrari. On sait que le choix de pareil lieu a été cogité par des gens qui pensent très fort, qui sont payés très cher et qu'on appelle des conseillers en communication. Macron chez les apprentis ? Drôle d'endroit pour une rencontre.

Soit il est franc-maçon, mais s'il l'est, il n'est probablement plus apprenti depuis bien longtemps et doit évoluer dans les hauts grades où grenouillent tous les importants de notre société ; soit son inconscient, comme dirait Mme Roudoudou, psychanalyste en chef dans les beaux quartiers de

Paris, confesse une chose à l'insu de son plein gré : « Il avoue ainsi qu'il n'est qu'un apprenti... » (!)

À moins que de la sorte il ne nous dise clairement que la France est en panne (comme les voitures qui lui servent de décor hollywoodien) et qu'il ferait un bon garagiste, qu'il sait mettre les mains dans le cambouis, qu'avec lui, la France va carburer, qu'il va mettre un tigre dans le moteur, réparer la mécanique, vidanger à tout-va, qu'il ne manque pas de ressort, qu'il entend resserrer les boulons, et autres métaphores destinées à l'inconscient de l'électeur automobiliste.

« Le lieu où nous sommes n'a rien d'innocent », prévient-il, gros malin. Ce garage est en effet un lieu dans lequel on maquille les voitures volées, car le jeune Macron a en fait l'âge de Juppé. Cette fausse voiture neuve est une vraie bagnole ancienne : mêmes idées fades, même eau bénite tiède, même projet onctueux, même programme insipide, même vision du monde de myope, même charisme de bulot mayonnaise, même talent d'orateur qu'une carpe. C'est le bonnet blanc d'Alain Macron et le blanc bonnet d'Emmanuel Juppé.

Macron qui a lu Hegel dans le texte et Ricœur traduit en français est pour le travail, contre le chômage ; pour la dignité, contre l'indignité ; pour le progrès, contre la régression ; pour la liberté, contre la servitude ; pour l'émancipation, contre l'esclavage. Je parie qu'il est aussi pour la santé, contre la maladie ; pour la joie, contre la peine ; pour le succès, contre l'échec ; pour les vacances, contre le turbin.

Ce jeune homme prétend arriver avec des idées neuves : ce sont en fait celles de Jean Monnet et de Jacques Delors, de Raymond Barre et de Michel

Rocard. L'euro, l'Europe, le libéralisme, le marché, la déréglementation. Depuis qu'il fait de la politique, cet énarque entreprend tout ce qu'il faut pour que la France soit en panne ; aujourd'hui, malin, il prétend être le seul à pouvoir réparer la guimbarde qu'il a contribué à déglinguer.

Voilà un homme qui, à trente-huit ans, a été inspecteur des Finances, banquier d'affaires chez Rothschild, deux ans secrétaire adjoint de la présidence de Hollande, deux ans ministre de l'Économie et des Finances, de l'Industrie et du Numérique du même Hollande, un homme qui a appelé à l'alliance de François Bayrou et de Ségolène Royal aux présidentielles de 2007 – et le voilà qui prétend apporter de nouvelles idées ? Être une nouvelle tête ? Macron, c'est Antoine Pinay en vieux.

20

La candidate fleur bleue

Marine jardine

Jeudi 17 novembre

Marine Le Pen a inauguré son QG de campagne. Elle a pour l'occasion fait dans l'accumulation de symboles pour électeur simple – ou pour journaliste : elle s'installe au 362, rue du Faubourg-Saint-Honoré à deux pas… de l'Élysée. Clin d'œil à ceux qui n'auraient pas encore compris : « On s'en approche, on n'en est plus loin, on arrive, ça ne saurait tarder ! Cette rue dans laquelle nous préparons la bataille conduit à l'Élysée – avez-vous compris, bonnes gens ? »

Elle ajoute également un nouveau symbole : finie la flamme bleu blanc rouge qui fut, jadis, contemporaine de la faucille et du marteau communistes, de la croix de Lorraine néo-gaulliste et de la rose au poing socialiste. Le nouveau symbole est clair : une rose bleue, présentée horizontalement, sans épines, fléchette bien pointue qu'on s'apprête à lancer dans le derrière du système. Pareille hérésie horticole sent le génétiquement modifié à plein nez ! La rose qui est naturellement rose devient bleue ; sa tige qui porte habituellement des épines est lisse comme une jambe de bois. Si la rose fut bien le signe de ralliement des socialistes du temps de Mitterrand qui, comme chacun sait, est parvenu au pouvoir, lui, elle devient la fleur emblématique de celle qui y aspire et n'hésite pas à se croire investie de la même mission que Jeanne d'Arc.

Autre signe qui aurait réjoui le Barthes des *Mythologies*, le slogan : « Au nom du peuple. » *Au nom de* c'est *à la place de* ; ça n'est pas *pour le peuple* ou bien *avec le peuple*, mais *en son nom*... De la même manière que la rose bleue trahit la manipulation génétique, le « Au nom du peuple » annonce bien la couleur : ce qui sera fait ne le sera pas forcément pour le peuple, pour son bien, pour changer sa vie, mais ce sera tout de même fait *en son nom*. L'expression dit à qui veut bien l'entendre que le peuple va devoir s'y faire : au cas où elle gagnerait l'élection, tout ce qu'elle ferait, même si c'est contre lui, ce sera *en son nom*. Il n'aura dès lors pas à se plaindre. On l'aura averti...

L'affiche s'est donc débarrassée du logo paternel, elle fait désormais fi du nom du parti paternel, elle efface même le nom paternel. Reste un programme, simple : « Marine présidente. » Le père proposait de mettre le feu ; la fille invite à sentir la bonne absence d'odeur d'une fleur génétiquement modifiée. Qui plus est : une fleur bleue. Personne ne lui a dit, parmi ses communicants, que s'afficher en fleur bleue, c'était un aveu qu'on en était resté à l'enfance, autrement dit, qu'on n'en avait pas encore fini avec papa ?

21

Un charretier en minijupe

Karine Le Marchand présidente

Jeudi 17 novembre

En attendant le dernier débat des primaires dont il n'y eut rien à retenir, j'ai regardé en *replay* les émissions de Karine Le Marchand, *Une ambition intime,* dans lesquelles les candidats aux présidentielles se répandent sur un canapé.

Grâce à son passé de compagne de footballeur, cette dame fait des merveilles avec son pédieux, son jambier antérieur, son long péronier latéral, son droit antérieur de la cuisse, mais aussi avec le bas profond de son grand pectoral. Ses arguments sont imparables.

Elle est vulgaire, grossière, épaisse. Des preuves ? En voici, en voilà : Montebourg parle de confesse, elle demande : « Comment vous écrivez ce mot ? » ; abordant l'orientation de ses jeunes années, Juppé dit : « Je voulais entrer dans un grand corps », elle répond : « Vous ne parlez pas des femmes ? » ; elle questionne Bayrou, éleveur de pur-sang, et lui demande : « Imaginons que je suis [*sic*] votre jument préférée », quels mots me diriez-vous à l'oreille ? ; au même qui, en fin d'émission, confie : « J'aurais bien fait une heure de plus », elle répond, toujours aussi subtile : « Les hommes me disent toujours ça » ; à Mélenchon, elle demande s'il aime l'humour scatologique, au cas où il n'aurait pas compris, car il avoue être presque sourd de naissance, elle dit : genre « bite, couille, poil » ; à Sarkozy qui sarkozyse, elle dit, pleine de sous-entendus : « Vous m'épuisez... » ; à Le Maire elle assène qu'il est coincé ; à Fillon elle pose des questions sur son système pileux ; etc.

La clique journalistique du politiquement correct n'accepterait probablement pas sans un déchaînement de violence médiatique que le centenaire Elkabbach demande à Anne Hidalgo si elle écrit *confesse* en deux mots, que le suffisant Alain Duhamel souhaite savoir de Nathalie Kosciusko-Morizet ce qu'elle lui dirait s'il était son étalon préféré, que Roland Cayrol puisse rouler des billes en regardant Rachida Dati à qui il dirait : « Vous m'épuisez... », ou que David Pujadas puisse parler « bite, couille, poil » à Nadine Morano ! L'égalité des sexes à laquelle contraint fort heureusement notre époque serait plus crédible si elle imposait un traitement identique aux mêmes stupidités, quel que soit le sexe du/de la crétin-e.

Dans ces portraits d'hommes politiques, cette dame nous dit qu'elle est célibataire, qu'elle a du mal à construire une relation digne de ce nom avec un homme, qu'elle fait régulièrement du sport pour ce que l'on imagine, qu'elle n'a pas connu son père – de quelle *Ambition intime* s'agit-il ?

In fine, difficile de fustiger François Hollande qui abaisserait la fonction présidentielle de la part de ceux qui ne sont pas même président mais qui réussissent ce prodige de la disqualifier avant même d'en être investis.

22

Le renard et les raisins

Benoît Hamon piège à cons

Samedi 19 novembre

Benoît Hamon a refusé de se rendre à ce genre d'émission où Juppé dit « vous me faites chier » quand il parle de l'armure, où Fillon subit le commentaire de son thème astral comme s'il s'agissait d'une sentence de Fouquier-Tinville, où Montebourg doit manger de la rosette parce que son grand-père était boucher-charcutier, où Marine Le Pen trinque avec un coup de vin blanc, le tout assaisonné d'une phrase en hébreu par Mme Le Marchand, dont on apprend de la sorte qu'elle est aussi polyglotte. Héroïsme ?

Que nenni ! Benoît Hamon a refusé après en avoir accepté plus que le principe puisqu'il s'est rendu à un déjeuner de travail préparatoire à cette émission. Au café Le Murat, où l'émission se préparait, il a tellement souscrit au projet qu'il a donné le nom des personnes à rencontrer, qu'il a parlé de la décoration nordique de son appartement, qu'il a confié l'origine scandinave et espagnole de sa compagne, qu'il a raconté ce qu'il a fait après avoir quitté le gouvernement.

Las ! Le petit grand homme s'est carapaté quand il a appris que, dans cette émission *people* où il se rendait ventre à terre, il serait bien évidemment question de sa femme et de ses enfants. Petite tête, il avait cru pouvoir bénéficier des avantages du déboutonnage médiatique sans subir les inconvénients de se retrouver en slip sur grand écran.

Or Mme Hamon travaille comme responsable des affaires publiques chez LVMH, et, pour l'image d'une figure de la gauche de gauche, le message risquait d'être brouillé.

Le voilà donc refusant ces raisins au prétexte qu'ils seraient trop verts alors qu'en fait il redoutait que ses poses de matador de gauche d'Épinay soient médiatiquement tempérées, rafraîchies sinon démolies par les fiches de paie familiales venues de LVMH. La presse aime tuer avec ce genre de boules puantes. C'est une chose à savoir quand on veut être président de la République...

Courageux mais pas téméraire, Benoît Hamon ajoute de la perfidie à sa lâcheté. Sur sa page Twitter, il écrit à la date du 17 octobre : « Il serait incohérent pour moi de reprocher à l'élection présidentielle d'ignorer les enjeux fondamentaux de notre pays tout en participant à ce qui s'apparente à un casting de l'homme providentiel. Ce chemin, celui de la sobriété, n'est pas celui de la facilité. » Quelques jours plus tard, sur Europe 1, le guévariste de carte postale ajoute : « Cela ne correspond pas à l'idée que je me fais de la politique. » Benoît

Hamon est donc sobre seulement quand il ne boit pas. On eût aimé qu'il le fût sans cette fessée que lui a infligée maîtresse Le Marchand en révélant le pot aux roses.

23

Le général de Gaulle est mort

Fillon & Juppé sont dans un bateau

Dimanche 20 novembre

Ce dimanche soir 20 novembre, soirée des résultats du premier tour de la primaire de la droite et de la droite, le général de Gaulle est mort. Je ne parle pas de Sarkozy, qui est au général ce que BHL est à Tocqueville, et qui semble plus n'avoir comme destin que de devenir conférencier au Qatar ou cycliste au Galibier, mais de Fillon et Juppé qui sont donc les sélectionnés du second tour.

Une partie de la gauche a voté pour un candidat de droite ; ça ne la change pas beaucoup… Elle voulait éliminer Sarkozy ; elle aura sa politique avec Fillon, alors que son candidat à la rose risque de manger les pissenlits par la racine.

Le général de Gaulle est mort parce que, probablement, Fillon sera élu au second tour et qu'il est tout, sauf gaulliste. Il se dit gaulliste social, héritier de Philippe Séguin : il est en fait un sarkozyste antisocial. Cet homme qui a voté non à Maastricht a depuis 1992 mené une politique en faveur de l'Europe maastrichtienne – notamment pendant ses cinq années de compagnonnage avec Sarkozy comme Premier ministre, ce qui n'est pas rien. Son programme est antisocial, cela ne fait l'ombre d'aucun doute – augmentation du temps de travail, recul de l'âge de la retraite, contournement du pouvoir syndical, guerre menée contre les fonctionnaires, faveurs fiscales aux entreprises, entre autres réjouissances. Pas sûr que le général qui fit entrer des ministres communistes à son gouvernement ait souscrit...

Le général est également mort une seconde fois avec Juppé, qui n'a jamais été gaulliste mais qui a toujours été chiraquien – ce qui est l'antithèse du gaullisme. D'abord, les primaires ne sont en rien gaullistes, car la colonne vertébrale du gaullisme est bonapartiste ; elles sont même radicalement antigaullistes : de Gaulle pensait l'élection présidentielle comme la rencontre d'un homme et d'un peuple ; Fillon, Juppé et consorts comme la rencontre d'un homme avec un plateau de téléréalité.

Ensuite, quand on courbe l'échine pour passer sous ce genre de fourches caudines, et que le résultat est cuisant pour ses fesses politiques, si l'on veut encore un peu sauver l'honneur, on se comporte en gentleman. Dès lors, en pareil cas, on convient qu'on est loin derrière, très loin, trop loin, et qu'on reconnaît de ce fait au premier le bénéfice de la victoire sans qu'il y ait utilité d'un second tour. On est chevaleresque et non politicard. Juppé n'a pas été chevaleresque.

Il aurait pu laisser dans l'histoire la trace d'un gaulliste qui s'est au dernier moment émancipé des combines ; il restera comme un combinard qui a été vaincu dans un combat sans gloire. Il aurait pu être un peu de Gaulle, il aura été beaucoup Chirac. Voilà pourquoi il n'avait pas l'étoffe du héros. Son compétiteur non plus, d'ailleurs…

24

Les francisques d'abord

Fillon selon Bergé

Jeudi 24 novembre

Si Pierre Bergé n'existait pas, il faudrait l'inventer ! Cet homme qui monte à Paris, comme on dit, pour faire carrière comme journaliste ou comme écrivain ne fut pas même journaliste – c'est dire pour écrivain... Cet auteur sans œuvre a postulé pour entrer à l'Académie française mais, comme l'argent ne fait pas tout, il a été platement battu. Il fit carrière, on le sait, par son entregent auprès d'illustres personnes dont il est devenu l'amant : Bernard Buffet, alors qu'il est âgé de vingt ans, et ce pendant huit ans, puis Yves Saint-Laurent juste après, et ce jusqu'à la fin des jours du styliste dont il a hérité. On sait qu'après la mort du couturier il a vendu la bimbeloterie.

Cet homme très riche, qui fut poursuivi pour délit d'initié en 1994, a été, on le sait, un fervent soutien de François Mitterrand, dont nul n'ignore qu'il a été : compagnon de route des Croix de Feu, sympathisant de la Cagoule, manifestant aux côtés des Camelots du Roi contre « l'invasion des métèques », pétainiste décoré de la francisque par le maréchal lui-même, défenseur de l'Algérie française, guillotineur des militants du FLN quand il était ministre de la Justice, ami de René Bousquet secrétaire général de la police de Vichy qu'il reçut à Latche, en compagnie de sa femme et de l'un de ses fils, qu'il accueillit à nouveau à l'Élysée une fois devenu président de la République, fidèle à Pétain, se faisant fort de régulièrement fleurir sa tombe y compris une fois devenu président de la République. Cet homme, donc, est honoré dans une société intitulée les « Amis de l'Institut François Mitterrand ». Et qui en est le président ? Devinez ! Pierre Bergé…

Ce même Pierre Bergé, arbitre des bonnes manières de la gauche germanopratine, théoricien de la gauche caviar qui aime tant les pétainistes, grand timonier de l'intelligence mondaine, a tweeté : « Voter Fillon c'est voter pour la France réac, la Manif pour tous, qui m'a menacé de mort. La France pétainiste. Quand va-t-on à Vichy ? »

On comprend que les éléments de langage concoctés par quelque normalien rue de Solférino, repris par *Libération*, puis dans la foulée par *Le Monde*, dont Bergé est le propriétaire, ont été distribués et repris par ceux qui ne sont pas même capables d'une idée libre.

« Quand va-t-on à Vichy ? » Mais Pierre Bergé, dont les amis en viennent, n'a qu'à montrer le chemin ! Ce n'est pas la première fois que lui et les siens transforment quiconque n'éructe pas dans leur tessiture en pétainiste, en vichyste, en fasciste, en compagnon de route du Front national, en national-socialiste, donc en antisémite...

Si un jour le FN devait arriver au pouvoir, je pense que la famille Le Pen pourrait lui ériger une statue : Pierre Bergé a tellement fait pour elle…

25

Blanc beau nez & beau nez blanc

Alain Fillon & François Juppé

Jeudi 24 novembre

Il en fallait du masochisme pour regarder jusqu'au bout tous les débats de la primaire de la droite de droite et du centre de droite ! Copé pulvérisé, NKM ralliée, Sarkozy exterminé, Poisson écarté, Le Maire carbonisé, il ne restait plus que Juppé l'arrogant et Fillon le fringant. À part Jean-Frédéric Poisson qui faisait entendre une voix discordante sur l'Europe, la souveraineté, les défis de civilisation, la question de l'islam, tous les autres ont ânonné le même discours européiste dans des styles différents : martial chez Copé, évaporé chez NKM, gouailleur chez Sarkozy, techno chez Le Maire. Un martial pulvérisé, une évaporée ralliée, un gouailleur exterminé, un techno carbonisé, voilà qui constitue une cour des miracles dans laquelle se trouve probablement une partie du gouvernement à venir si la droite gagne...

Car les primaires furent une palinodie. Poisson en fut parce qu'il est chef de parti et qu'il n'avait pas besoin, de ce fait, des signatures qui verrouillent les choses et n'ouvrent la porte d'entrée qu'aux partidaires couturés et l'interdisent au citoyen non affilié.

Quoi qu'il en soit, tous ont donné des visages différents à un même corpus : travailler plus longtemps dans la semaine, partir plus tard à la retraite, faire des fonctionnaires les boucs émissaires du malheur français, privatiser la santé, taxer d'une main le citoyen de base avec la TVA et donner de l'autre l'argent ainsi récupéré aux patrons. Rien de neuf sous le soleil.

L'abracadabrant fut à son sommet quand Juppé et Fillon ont raconté qu'ils voulaient supprimer des centaines de milliers de fonctionnaires et pallier leur absence par la… numérisation ! Comme si numériser était une opération magique susceptible de s'effectuer sans des… fonctionnaires qui la réalisent ! Ces deux-là regardent la modernité numérique comme deux poules qui ont trouvé un même couteau.

Dans ces heures de faux débats et de vrais spectacles, il n'y eut rien de dit sur ce qui inquiète vraiment les Français et qui constitue des problèmes de civilisation : *quid* de l'Europe libérale qui paupérise et dont la plupart ne veulent plus ? *Quid* du souverainisme qui seul permet le volontarisme politique et la décision sans laquelle rien ne peut se faire librement ? *Quid* de l'islam en France ? *Quid* de l'État islamique déterritorialisé sur notre territoire ? *Quid* des guerres que la France mène et pour lesquelles elle trouve l'argent introuvable pour les pauvres ? *Quid* du terrorisme et de ses liens avec notre politique étrangère ? Fillon veut réaliser le plein-emploi qui réglerait tous les problèmes – mondialisation heureuse oblige. Juppé veut la même chose. L'un en veste matelassée, l'autre en loden vert.

François Fillon a publié un livre intitulé *Vaincre le totalitarisme islamique* : croit-il qu'en taxant le peuple et en redistribuant la manne aux patrons afin de réaliser le plein-emploi il vaincra ce totalitarisme ? Si oui, il est niais ; sinon, il est cynique. J'ai peine à croire qu'il soit niais...

26

La droite vote à gauche

Hollande dans le side-car de Jaurès

Vendredi 25 novembre
Écrit deux jours avant le résultat...

En votant pour François Fillon, la droite a remis François Hollande en selle. Voilà cet homme hier déconsidéré, détesté, moqué, ridiculisé, discrédité, raillé, calomnié, bafoué, outragé, déprécié, décrié, vilipendé, méprisé, dédaigné, exécré, abominé, anathémisé, voilà cet homme, donc, en passe de devenir aujourd'hui un homme de gauche rien que parce que la droite a choisi d'être de droite. La gauche, c'est donc aujourd'hui tout ce qui n'est pas à droite et la droite, c'est Fillon. Simple comme bonjour !

Pour redevenir un candidat de gauche, sinon le candidat de la gauche, il va donc suffire à Hollande de dire : « Voulez-vous travailler plus ? Non ? Eh bien, votez pour moi, car, avec moi, vous n'aurez pas à travailler plus. » « Voulez-vous partir plus tard à la retraite ? Non ? Eh bien, votez pour moi, car, avec moi, vous n'aurez pas à partir plus tard à la retraite. » « Voulez-vous le démantèlement des services publics qui ne tiennent qu'avec les fonctionnaires ? Non ? Eh bien, votez pour moi, car, avec moi, on ne démantèlera pas les services publics. » « Voulez-vous une médecine à deux vitesses, la fin de la Sécurité sociale, la privatisation de la santé ? Non ? Eh bien, votez pour moi, car, avec moi, on ne touchera pas à ces acquis sociaux. »

Qui voudra travailler plus dans sa journée, son mois, sa vie ? Qui voudra voir disparaître les services publics ? Qui voudra abolir la Sécurité sociale ? Une poignée de nantis. Les autres, effrayés, iront voter Hollande comme jadis ils ont voté Chirac, « avec une pince à linge sur le nez » pour reprendre l'expression de l'ineffable DSK, spécialiste en Sofitel et en mauvaises odeurs. Voilà pourquoi votre gauche est muette...

Fillon à droite risque de faire sortir Bayrou du bois ; peu importe : Hollande a déjà son Bayrou en la personne de Macron. Un partout : Bayrou va enlever des voix à Fillon, certes, mais Fillon prendra des voix à Le Pen ; Macron va enlever des voix à Hollande, bien sûr, mais Hollande prendra des voix à Mélenchon, les voix de *ceux-qui-voteront-utile-pour-faire-barrage-à-l'extrême droite*... Si François Fillon ponctionne suffisamment d'électeurs à Marine Le Pen, rien n'exclut donc un second tour... Fillon-Hollande !

Dès lors, à nouveau dans le side-car de Jaurès, Hollande peut rouler vers un second mandat. Sur le papier, la chose tient. Dans la réalité, il faudra voir avec la primaire de la gauche – car, si l'on me permet ce jeu de mots facile, il y a aussi des primaires à gauche...

Pour ne pas risquer de perdre, les grandes gueules socialistes, les matadors de la rose, les frondeurs sans fronde, les redresseurs productifs se tairont et iront à la soupe, ils soutiendront Hollande avec une pince à linge, eux aussi : il y a trop d'enjeux alimentaires comme les postes ministériels, les fromages de reclassement à la Cour des comptes ou dans la haute administration, les investitures aux législatives, les nominations juteuses, les prébendes sénatoriales, les circonscriptions réservées.

Toute cette cuisine sera dissimulée sous le tapis et la clique politicienne parlera de « salut de la démocratie », de « bien public », d'« intérêt général », de « survie de la France », de « sauvegarde de notre civilisation », de « préservation des Lumières » et autres attrape-mouche du gogo votant.

Hollande sait qu'un trou de souris suffit : son side-car pourrait bien le défoncer…

27

Une épée qui marche dans le ciel

Mélenchon fume la moquette

Samedi 26 novembre

Fidel Castro, le dictateur qui régnait d'une main de fer sur Cuba depuis mon année de naissance, 1959, est mort. Du moins : Raoul Castro, son frère, a-t-il annoncé à la télévision d'État la disparition de son frère ce jour qui, comme par hasard, correspond à la date anniversaire du lancement de la Révolution cubaine le *25 novembre 1956* – étonnant, non ? Cette trop belle coïncidence, tellement utile pour nourrir la mythologie, témoigne en faveur d'un cadavre plus ancien. L'incinération qui devrait avoir lieu dans la journée, avec une dépouille moins fraîche qu'on ne le dit, a probablement déjà eu lieu on ne sait quand.

Ni une ni deux, à peine réveillé, le camarade Mélenchon, le candidat aux présidentielles qui dit depuis des années que « Cuba n'est pas une dictature », saute sur son portable et tweete à 8 h 36 : « Fidel ! Fidel ! Mais qu'est-ce qui s'est passé avec Fidel ? [*sic*] Demain était une promesse. Fidel ! Fidel ! L'épée de Bolivar marche dans le ciel. » Une épée qui marche dans le ciel ? Bigre, Mélenchon a fumé la moquette… « Qu'est-ce qui s'est passé avec Fidel ? » Ben, il est mort, comme tout un chacun un jour, surtout s'il atteint l'âge canonique de quatre-vingt-dix ans !

Lavé, rasé, peigné, Robespierre-le-Petit se précipite alors à l'ambassade de Cuba pour y faire la pleureuse et accomplir ses ablutions laïques. Filmé à la sortie de son devoir révolutionnaire, le candidat fait l'éloge convenu du dictateur et salue son combat… « pour les luttes écologiques [*sic*] ! »

On comprend qu'après avoir « léché » fort les communistes lors de la dernière présidentielle puis « lâché » tout aussi fort les mêmes communistes, il s'active désormais avec un même zèle dans la même activité à l'endroit des écologistes, élections obligent... On a vu combien sa recette de quinoa politique agrémenté de crevettes véganes témoignait en faveur du sérieux de sa conversion ! De là à faire de Castro un écologiste à la pointe du combat pour la nature, il n'y a qu'un pas – celui qui sépare l'Europe robespierriste du socialisme tropical des Antilles…

À 10 h 21, l'homme qui s'étonne de la mort d'un vieillard juste parce qu'il fut dictateur et l'imaginait immortel, comme les zélotes aux cerveaux morts filmés à La Havane, tweete à nouveau : « À la mémoire de Fidel, fleurs et bougies. 18 heures à Paris. Au pied de la statue de Simon Bolivar. »

La défense de ce nabab soviétophile qui prit prétexte d'un combat contre les États-Unis pour tenir son peuple sous la férule pendant qu'il vivait tel un prince des monarchies pétrolières témoigne sur ce que serait la France pilotée par Mélenchon et les siens.

Entre autres stupéfactions qui me firent comprendre ce qu'était ce régime lors d'un voyage que je fis à Cuba, et il y en eut, mes hôtes s'étaient étonnés que j'aie du beurre à mon petit déjeuner : denrée introuvable, me disait-on alors. J'ai demandé pourquoi, dans un pays dirigé par un autocrate, le beurre était un genre de caviar ! L'homme qui disposait de tous les leviers dans son pays n'avait pas eu assez d'un demi-siècle de pleins pouvoirs pour disposer de troupeaux de vaches afin d'avoir du lait pour en faire du beurre facile d'accès pour son peuple ? « La faute au blocus américain », m'avait-on répondu. Rien de neuf sous le soleil.

Mélenchon invite à déposer des fleurs et à allumer des bougies pour honorer la mémoire d'un dictateur ? Dont acte. On ne pourra pas dire qu'on ne savait pas...

28

Leçon de billard à dix bandes

Pinel, couteau suisse des socialistes

Samedi 26 novembre

Samedi 26 novembre, fin de journée : Sylvia Pinel, présidente du Parti des radicaux de gauche, annonce qu'elle se présente aux présidentielles en dehors des primaires. Or, qui connaît Mme Pinel ?

Cette femme est un apparatchik du PRG : elle entre en politique aux côtés, très aux côtés, de Jean-Michel Baylet : chargée de mission, chef de cabinet, députée à moins de trente ans, insignifiante à l'Assemblée nationale, elle est connue pour avoir signé, avec Robert Hue, François Rebsamen, Vincent Peillon, un « appel pour un pacte unitaire de progrès » afin… d'unir la gauche pour les présidentielles !

Le site deputesgodillots.info a listé ses états de service à l'Assemblée : absentéisme massif, aucune intervention dans la Commission des lois dont elle fait partie, aucun rapport d'information, aucun dépôt ou signature d'amendement sur la loi Hadopi sur laquelle elle s'est abstenue, aucune prise de parole publique, aucune intervention sur le fond n'ont été consignés. Elle écrit des textos, rédige son courrier, compulse des revues en plein hémicycle. Elle sort, puis revient. Mme Pinel n'a pas apprécié d'être ainsi épinglée. Elle a donc adressé un courrier *via* son cabinet d'avocat pour exiger le retrait du site des pages la concernant. On le voit, cette dame qui n'a pas encore quarante ans a toutes les qualités pour devenir présidente de la République.

Elle a également fait partie de l'équipe présidentielle de François Hollande en 2012. Elle en a été remerciée en devenant ministre de l'Artisanat, du Commerce et du Tourisme sous Jean-Marc Ayrault. Elle devient également ministre du Logement et de l'Égalité des territoires sous Valls I.

Le 17 février 2016, elle succède par intérim à Baylet à la tête du PRG, un parti dont la direction est la plupart du temps confiée à un franc-maçon. Le 3 septembre, elle est élue présidente.

Il y a dix jours, elle a dit à France 3 Midi-Pyrénées : « La candidature désormais certaine d'Emmanuel Macron, ajoutée à celle déjà déclarée de Jean-Luc Mélenchon, sonne le glas de la présence de la gauche au second tour de l'élection présidentielle. » Mais aujourd'hui, elle se présente. Pour quelles raisons ?

Il y en a de nombreuses mais une retient mon attention et si elle ne se vérifiait pas, elle marquerait le commencement de la fin pour Hollande. Cette candidature semble rendre possible celle de François Hollande dans les jours qui suivent : il suffira au président sortant de constater que les primaires sont devenues impossibles puisque Mélenchon y est parti seul, que Macron n'y est pas, que Jadot y va sans elles et que Sylvia Pinel les ignore. Une primaire avec deux ministres qu'il a congédiés (et qui prétendent depuis avoir démissionné...) et Marie-Noëlle Lienemann ou Gérard Filoche, personnes honorables, mais connues des seuls encartés, voilà qui manquerait de panache. Mais manquer de panache n'est pas de nature à arrêter François Hollande...

Voilà donc le président sortant fondé à siffler la fin de la récréation et à en appeler au rassemblement derrière lui seul, sous peine de faire perdre la gauche. *Libération* et la fachosphère de gauche ont déjà donné le ton : face à Fillon qui incarne le retour de Vichy et à Marine Le Pen qui est la permanence d'Adolf Hitler, qui peut désormais vouloir voter pour un autre que Hollande, qui devient dès lors le candidat naturel de la gauche ?

29

Les cocos votent Castro

Mélenchon finalement adoubé par le PCF

Samedi 26 novembre

Le 4 novembre, j'écrivais ceci : « *Actuellement, le PCF creuse le sol électoralement ; il ne peut donc y aller seul. Se vendre aux socialistes en état de mort cérébrale est impensable ; se brader à un Robespierre en peau de lapin leur évitera médiatiquement de creuser le sous-sol.*

Je vois mal comment le PCF pourrait ne pas voter pour ce soin palliatif. Mélenchon peut arrêter de manger du quinoa pour séduire les électeurs verts, désormais dans les choux avec Duflot, il va pouvoir se remettre à la viande rouge. On sait qu'il aime le sang. »

Puis, le samedi 5 novembre, les cadres du PCF, *via* leur conférence nationale, m'avaient donné tort : ils avaient refusé de prendre le chemin indiqué par Pierre Laurent. Dont acte... Ce jour, le vote des militants confirme les thèses du patron du PCF – les choses rentrent dans l'ordre.

Mon analyse qui avait failli être fausse s'avère aux petits oignons.

Le tweet de Pierre Laurent, saluant le vote des militants qui lui donnent raison contre les cadres, est un modèle de dialectique marxiste-léniniste ! On voit qu'il a lu Hegel. Lisons : « 53,6% des communistes ont fait le choix d'une campagne autonome appelant à voter Jean-Luc Mélenchon. Plus que jamais unis pour le rassemblement. »

Pour ma part, j'aurais eu tendance à croire que « faire le choix d'une campagne autonome » pour les communistes, c'était se choisir un candidat issu du PCF et le soutenir… Mais non. L'autonomie, c'est la sujétion ; la liberté, c'est la servitude ; la suzeraineté, c'est la vassalité ; la soumission, c'est l'insoumission ! On est en plein Orwell !

Je constate également qu'au PCF, comme partout ailleurs, une petite majorité fait la totalité, selon l'ordre dit démocratique qui veut que 50,01% deviennent 100% et que 49,9% soient 0% ! Certes, le résultat fait le jeu des patrons – le patron du PCF et le patron du Front de gauche. Mais il n'en reste pas moins que ce résultat montre que le PCF à l'agonie est coupé en deux moitiés quasi égales, bien qu'exsangues… Le PCF, c'est très peu, et la moitié de très peu, c'est vraiment pas grand-chose.

Pierre Laurent a bien vu que les cadres votaient contre le ralliement à Mélenchon et lui donnaient tort ; il a vu aussi que les militants votaient pour, mais une petite moitié seulement. Ça ne l'empêche pas de conclure : « Plus que jamais unis pour le rassemblement. » Unis sans les cadres, unis sans la moitié des militants, c'est être petitement unis pour un parti qui frise les 1 ou 2%…

Décodons Laurent, traduisons-le : le PCF soutient donc Mélenchon en ne faisant pas sa campagne ; il votera pour lui, mais ne fera rien d'autre que ça. Je persiste et signe, puis je me cite de nouveau : « Se brader à un Robespierre en peau de lapin leur évitera médiatiquement de creuser le sous-sol. »

Au bout du compte, Pierre Laurent n'aura peut-être pas besoin de vendre tout de suite l'immeuble de la place du Colonel-Fabien. Mais ça ne saurait tarder… Encore une minute, monsieur le bourreau.

30

Changement de mégaphone

Fillon déjà cassé par la baraque

Dimanche 27 novembre

Fillon a donc écrasé Juppé après avoir aplati Sarkozy puis laminé quelques autres poids légers. Le fils de notaire a prévenu : il est là pour « casser la baraque ». Pauvre petit garçon ! Il n'a pas encore compris qu'il ne va rien casser du tout puisque la baraque l'a déjà cassé, lui. Je m'explique.

Sauf Jean-Frédéric Poisson, tous les autres candidats de cette primaire de droite tenaient le même discours : maintenir la toute-puissance de l'euro, rester dans la logique de l'Europe libérale, faire du marché la loi de toute politique, crier haro sur le fonctionnaire, ne rien remettre en cause qui soit susceptible de faire tomber l'édifice pourri. Tous, sauf Poisson, voulaient augmenter le temps de travail, reculer l'âge de la retraite, taxer le plus grand nombre, dont les pauvres, et financer les riches à l'aide de cette TVA ponctionnée. La différence se faisait sur la marge... Seul le style a joué. Les électeurs souhaitent juste changer de mégaphone.

Dans le nouveau, on entendra le même discours avec une autre voix.

Fillon s'est fait ostensiblement photographier devant deux photographies posées sur le manteau d'une cheminée : Philippe Séguin et le général de Gaulle. Ces deux-là étaient souverainistes parce qu'ils savaient que la France ne peut mener une politique choisie par elle que si elle dispose des coudées franches. Depuis Maastricht, elle n'a plus aucune latitude : le gouvernement français n'est plus que la chambre d'enregistrement du Conseil européen. Le chef de l'État passe ses journées à signer les parapheurs que Bruxelles lui envoie. Le reste du temps, il inaugure les chrysanthèmes et parle aux journalistes.

Certes Fillon a voté non à Maastricht – un bon point. Mais il a amplement fait résipiscence depuis en donnant des gages aux maastrichtiens. Philippe Séguin mort, Fillon s'est chiraquisé, puis sarkozysé. Adieu, de Gaulle ! Bye-bye, Séguin...

Qu'on se souvienne de la façon dont la clique eurolâtre a accueilli le résultat du Brexit : ceux qui avaient voté pour la sortie étaient des vieux, des ruraux, des provinciaux, des sous-diplômés, des crétins, des incultes auxquels il faudrait à peine donner le droit de vote ; en revanche, ceux qui avaient voté pour le maintien étaient des jeunes, des urbains, des citadins, des surdiplômés, des intelligents, des cultivés qui devraient seuls avoir le droit de voter.

Quelle a été la réaction du souverainiste en peau de lapin qu'est François Fillon ? Invité au *Grand Rendez-vous* d'Europe 1/*Le Monde*/iTélé le dimanche 26 juin 2016, il a dit : « La jeunesse européenne est la plus concernée, c'est elle qui devrait être interrogée en premier. J'ai presque envie de dire que les jeunes devraient avoir deux voix dans un référendum sur l'UE. »

C'est du Attali, du Minc, du BHL, du Ferry dans le texte ; c'est aussi du *Libération*, du *Monde*, des *Inrockuptibles*, de *L'Obs*, de *L'Express* ou du *Point* dans le texte ; c'est également de l'Apathie, du Patrick Cohen, du Joffrin, du Bernard Guetta, du Léa Salamé, de l'Elkabbach dans le texte ; c'est enfin du Radio France, de l'Europe 1, du RTL dans le texte ; c'est aussi et surtout du... Juppé dans le texte – ou du Hollande.

31

Le chien battu

Hollande, clap de fin

Vendredi 2 décembre

Les morts sont tous de braves types, c'est bien connu. Hier, vivant, François Hollande était la lie de l'humanité ; aujourd'hui, mort, on lui prête des qualités nobles : courage, lucidité, élégance, grandeur, dignité, panache, on parle d'un homme d'État, d'une haute décision qui honore celui qui la prend, d'une politesse de cœur… « Respect », disent en chœur, la dague dans le manchon, le flacon de poison dans la poche, la kalachnikov posée à terre, ceux qui, la veille, Valls compris, voulaient sa peau à tout prix… Et puis quoi, encore ?

Hollande a le courage du parachutiste qui ne saute pas de l'avion parce qu'il n'a pas de parachute ! C'est le minimum de lucidité qu'on puisse attendre de la part de quelqu'un de… normal. On ne va tout de même pas applaudir celui qui dit que la pluie mouille, que le soleil brille ou que, la nuit, tous les chats sont gris.

Le futur ex-candidat aux primaires qui est aussi le futur ex-président était en phase terminale.

Comment aurait-il pu ne pas le savoir ? Les journalistes le lui trompettent violemment aux oreilles depuis des mois ! Il n'avait donc plus que le choix entre plusieurs façons de mourir : renoncer de lui-même, perdre aux primaires du parti qu'il a dirigé pendant dix ans face à tant de candidats déclarés, ou échouer directement aux élections présidentielles.

Il lui a fallu trancher entre trois façons d'être humilié : en préférer une n'est aucunement preuve de courage. Il a simplement opté pour un suicide afin d'éviter l'un ou l'autre meurtre : se donner la mort, ce qu'il a fait d'une voix blanche de chien battu (« J'ai décidé de ne pas être candidat à l'élection présidentielle »), avait l'avantage de permettre à cet hypernarcissique de feindre le choix de ce qui lui est imposé. La technique est connue : jadis, Montebourg congédié claironna qu'il avait démissionné.

Se faire tuer par l'un de ses anciens ministres ou par l'un des candidats mineurs, c'était aller au-devant d'une humiliation que Sarkozy, dans sa folie, n'a pas même imaginée pour son compte. Hollande, qui ne pensait le monde politique qu'en regard de son duel avec Sarkozy, a dû y songer en voyant l'ancien président contraint de manger la poussière avant de devoir se retirer piteusement de la vie politique en félicitant ses tueurs.

Il pouvait aussi se faire assassiner directement par les électeurs lors de la présidentielle. Mais, pour ce faire, il eût fallu déjà triompher de la primaire. Or, à gauche, la consultation met actuellement sept personnes aux prises dans le cadre de la primaire et six autres hors primaire. Soit treize personnes qui se présentent contre lui. La raclée aurait été terrible...

C'est uniquement la division de la gauche qui le contraint à renoncer. Après un bilan égotique consacré à montrer qu'il n'avait failli en rien, avait honoré ses promesses, réalisé des choses majeures, il n'a concédé qu'une erreur, la proposition de déchéance de nationalité, une peccadille, afin de montrer qu'il avait aussi, quel grand homme, le sens de l'autocritique.

Cette personne qui avait l'étoffe d'un sous-préfet a jeté le gant après avoir avoué ne pouvoir « se résoudre à la dispersion de la gauche ». Voilà la seule et unique raison : la faute aux autres, pas à lui... Son échec n'a donc rien à voir avec sa présidence minable qui fut, si on l'en croit, parfaite, mais à son incapacité à faire la synthèse – comme pendant les dix années où il a conduit le PS vers un transformisme libéral. Ce petit personnage n'aura donc été qu'un chef de bande, un patron de parti ; le costume présidentiel lui était beaucoup trop grand, il s'est pris les pieds dedans.

La fin politique de Hollande lui ressemble tout entière : il entre dans l'histoire par sa façon d'en sortir.

32
Candide aux présidentielles
Alexandre Jardin d'agrément

Samedi 3 décembre

Et un de plus ! Alexandre Jardin est candidat aux élections présidentielles. En attendant Johnny Hallyday ou Mimi Mathy, la liste s'allonge. Tant qu'à voter pour un romancier, j'aurais préféré Michel Houellebecq, plus drôle, mais faute de grives déjantées, on mange des merles opportunistes.

Car Alexandre-le-Petit tourne autour du pot depuis un moment. En vertu d'une idée bonne a priori, il a souhaité une primaire des citoyens afin d'accoucher d'une candidature « hors système » ; aujourd'hui, après un échec patent, ce projet avorte d'un nouveau candidat – au grand étonnement de ses partenaires...

Ainsi Corinne Lepage, qui tweete dans la foulée : « Cette candidature est purement personnelle et à l'opposé d'un rassemblement. Les autres fondateurs de la Primaire continuent au sein de l'alliance de la société civile. » Scission dans la cabine téléphonique...

Un autre dindon de la farce réagit dans le même sens : le communicant Claude Pasternak, lui aussi membre de l'association dont Jardin estime probablement qu'elle n'a pas compris assez vite qu'elle devait rouler pour lui, se déclare à son tour opposé à cette décision autocratique. Le faux zèbre vrai chacal a en effet déclaré sur France Info : « Le mouvement Les Citoyens va présenter un candidat et ça sera moi. » Ça n'est plus une scission, c'est une vaporisation...

Alexandre-le-Petit est intervenu dans une émission politique dans laquelle j'ai refusé à deux reprises[1] d'être le faire-valoir intellectuel que le politicien enfume toujours à coups de mensonges éhontés. Pour l'une que j'avais refusée, il s'agissait de Ségolène Royal ; pour l'autre, d'un certain François Hollande – mort depuis... Bruno Le Maire fut l'invité de remplacement de la ségolénitude.

En lieu et place de questions impertinentes mais polies qu'un invité venu du monde des lettres peut opposer à un homme venu du monde des piètres, le vieux jeune homme a jeté un pack de lait au visage de l'impétrant en l'interpellant sur ceux qui, comme les producteurs de lait dudit pack, incarnaient les « faiseux » dont il prétend porter la voix contre les « diseux ».

Avec le ton d'un Fouquier-Tinville éructant devant Louis XVI, content de lui comme si son geste hystérique était un geste historique, l'Alexandre a poursuivi dans le registre venimeux en croyant que c'est ainsi qu'on porte la parole des gens modestes qui,

1. En fait, trois : je fus sollicité pour un certain Fillon. J'ai aussi refusé. Ce fut Christine Angot qui s'y trouva...

eux, ont la plupart du temps l'élégance simple mais vraie que donne le compagnonnage avec la misère.

Je me souviens d'avoir été invité avec Alexandre-le-Petit dans une émission de télévision. J'avais eu besoin de me raser dans ma loge. J'étais en quête d'un rasoir. Pendant ce temps, devant ma compagne, mais il ne le savait pas, l'homme gloussait sur ces ploucs venus de province qui, dans leurs campagnes, ignoraient le rasoir et la mousse à raser. Sur le plateau, il expliqua pourquoi il portait une Rolex.

Gageons qu'une fois devenu président de la République ce « diseux » devenu « faiseux » aura pour premier souci d'envoyer dans la ruralité des Gillette à deux lames et des bombes de mousse à raser – puis du savon pour laver les péquenots. Une candidature girondine venue de Paris, voilà qui ne manque pas de sel.

33

Le toréador de vaches laitières

Valls en Antimanuel

Lundi 5 décembre

Voici donc Manuel Valls démissionnaire de Matignon afin d'être candidat à l'Élysée. Cet homme qui a enjambé le cadavre encore chaud de François Hollande avec à la main la dague qui a servi au parricide se présente désormais en anti-Valls. Le voilà qui commence sa péroraison en témoignant de sa fidélité et de sa loyauté à l'ectoplasme présidentiel. Pendant que Hollande râle la tête sous sa botte, il dévide le compliment.

Il a été clivant ? Il a cédé à l'esprit polémique ? Il a blessé ? Certes, mais « c'est ça, la gauche », dit-il – inaugurant ainsi une définition guignolesque. Ce qu'il fut, promis, juré, craché, il ne le sera plus : comme Sarkozy, auquel il ressemble par plus d'un trait, et ce, jusque dans le meurtre du père, Brutus II annonce qu'il va changer. Fini le vieux Valls, qu'advienne le Valls nouveau auquel il nous demande de croire.

Désormais, l'homme qui campait à l'aile droite du PS veut incarner la totalité du parti ; désormais, le maire d'Évry qui trouvait hors caméra que sa ville manquait de *blancos* fait sa déclaration de candidature sur un fond cosmopolite à la Benetton – en oubliant que les caméras l'ont suivi et montrent que la salle est remplie de *blancos* ; désormais, le militant qui estimait que « socialisme » était un mot à bannir parce qu'il renvoyait à de trop vieilles idées se veut le candidat... socialiste ; désormais, le droitier qui voulait en finir avec les 35 heures (comme Sarkozy qui, d'ailleurs, lui proposa un ministère dans son gouvernement, c'est dire la compatibilité...) se veut le garant des acquis sociaux contre le méchant fascistoïde Fillon qui, pourtant, comme lui, communie dans la même religion de l'Europe libérale de Maastricht ; désormais, le butor qui estimait que faire son travail de philosophe en essayant de comprendre d'où venait le terrorisme plutôt que de piquer le fétiche avec de grandes incantations maléfiques, c'était déjà l'excuser, prend les accents de Malraux pour célébrer la grandeur de la culture française et l'excellence du monde des idées ; désormais, l'encarté qui n'a rien trouvé à redire quand le PS a méprisé le vote du peuple contre l'Europe libérale au référendum de 2005 en lui administrant trois ans plus tard la potion par suppositoire parlementaire conjointement avec l'UMP se veut le garde-fou de la mondialisation dont l'Europe libérale est pourtant le plus puissant moteur ; désormais, le Premier ministre qui ne vit rien à dire ni à redire à la nomination de Macron dans son gouvernement estime qu'il est trop le candidat de l'argent et du capital, de la déréglementation et du libéralisme – pourtant les nouveaux points cardinaux du PS depuis 1983 ; désormais, le chef de gouvernement qui utilise le 49.3 pour court-circuiter les pouvoirs du Parlement en appelle à l'exercice du débat démocratique. Et il voudrait qu'on le croie ?

En 2005, Manuel était partisan du non au Traité européen ; mais Valls avait voté oui en expliquant le 4 avril 2014 à France Inter : « J'étais partisan du non, mais face à la montée du non, je vote oui » – comprenne qui pourra ! En 2011, dans *Têtu*, magazine homosexuel, Manuel était favorable à la gestation pour autrui ; en 2014, dans *La Croix*, quotidien catholique, Valls est contre. En janvier 2016, dans l'émission de France 2 *On n'est pas couché*, Manuel est contre la primaire de la gauche pour François Hollande ; le 19 juin, Valls estime que le président doit s'y soumettre. L'homme de l'anaphore et de l'oxymore est aussi celui de la contradiction – c'est un traité du style à lui tout seul.

Manuel Valls a bel et bien des convictions : c'est simplement le nom qu'il donne à ses multiples changements de pied opportunistes. Le voilà désormais socialiste – comme Mitterrand quand il sollicitait les suffrages... L'inconvénient, c'est que Valls, on l'a déjà vu au pouvoir : ce toréador français mi-suisse mi-espagnol n'a jamais massacré que des vaches laitières.

34

N'oubliez pas les enfants

Marine se lepénise

Jeudi 8 décembre

Tension au Front national entre les deux bouts du bâton : le bout *mariniste*, économiquement gauchiste, sociétalement sans opposition au mariage homosexuel ou à l'avortement, portant haut le flambeau républicain, revendiquant la laïcité, et le bout *marioniste*, économiquement libéral, sociétalement anti-mariage pour tous ou opposé à l'avortement, se disant « gavé » par les valeurs de la République et prompt à la génuflexion devant la messe en latin. Marine la fille a tué le père que Marion la petite fille ressuscite.

L'arrivée inattendue de François Fillon en tête de la course des primaires de la droite rebat les cartes au FN : la stratégie filiale est-elle la bonne ou faut-il préférer l'option petit-filiale pour lutter contre ce nouveau venu qui leur fait de l'ombre électorale ? Marine et le logiciel du PCF des années Marchais, version bulldozer dans les foyers Sonacotra ? Ou Marion et celui des libéraux des années Madelin, version « Salauds de pauvres » ? Ça branle dans le guidon frontiste…

Marine Le Pen, dont la stratégie présidentielle était de laisser faire, de se taire et d'engranger les promesses de vote, se voit contrainte de sortir de sa tranchée et de remonter… au front.

Ce matin, elle met un coup de barre à l'extrême droite, ce qui doit réjouir son père. Elle dit : « La solidarité nationale doit s'exprimer à l'égard des Français. Je n'ai rien contre les étrangers, mais [*sic*] je leur dis : si vous venez dans notre pays, ne vous attendez pas à ce que vous soyez pris en charge, à être soignés, que vos enfants soient éduqués gratuitement, maintenant c'est terminé, c'est la fin de la récréation. » La nausée me prend. *Les enfants n'ont rien demandé*. Ils sont là parce que leurs parents, pour de bonnes raisons (fuir la mort ou la misère) ou de moins bonnes (profiter d'un système de protection sociale sans vouloir y contribuer), mais peu importe ici, ont choisi de venir en France.

La santé des étrangers et l'éducation de leurs enfants grèvent moins les budgets que la fraude fiscale massive dirigée vers les paradis fiscaux contre laquelle aucun politicien ne s'insurge ou l'absence du paiement de l'impôt par de grandes entreprises du CAC 40. Soignons et éduquons sans demander les papiers, et ce, avec l'argent recouvré auprès de ceux qui le doivent.

Comme tous les autres candidats aux présidentielles, Marine Le Pen ajuste son discours pour produire des effets politiciens, voire politicards. Ce jour, elle agite le drapeau brun pour ressouder les rangs, signe de gîte et de tangage dans le bateau. On peut désormais ajouter un cinquième larron à la bande des quatre.

35

Fantasia chez les ploucs

Vincent, Manuel, Michèle & les autres

Samedi 10 décembre

Chaque jour que le dieu des élections fait apporte son lot de sottises, de bêtises et de niaiseries. On comprend que les médias frétillent avec ce qui leur fournit matière à combustion quotidienne de... sottises, de bêtises et de niaiseries. Les primaires sont une affaire très rentable pour vendre du temps de cerveau disponible.

Désormais, c'est probablement la proximité avec Noël et ses promesses de cadeaux, il n'y a pas une semaine où ne se déclare un nouveau candidat à la présidentielle. À ce rythme, il n'y aura bientôt plus qu'une poignée de Français à ne pas l'être. Notre époque, qui a plus d'écrivains que de lecteurs, aura bientôt plus de candidats que d'électeurs.

D'abord Vincent Peillon, agrégé de philosophie, laïcard comme un prêtre, franc-maçon comme un curé, tel Valls qui donne l'accolade à Cazeneuve en affirmant haut et clair devant les caméras qu'il est son... frère ! Saint Peillon est probablement une torpille maçonnique lancée par les hollandistes pour faire capoter la candidature de Brutus II. L'homme est surtout connu pour avoir effectué une carrière d'apparatchik au sein du PS : il a moins rencontré l'Histoire que François Hollande. L'onction ne s'est donc faite qu'à moitié.

Ensuite Michèle Alliot-Marie, qu'on avait perdue lors du printemps arabe où sa longue compromission avec un régime corrompu lui avait valu de prendre des vacances dont elle revient raide comme la justice – mais plus raide que juste. Elle aussi, bien sûr, est gaulliste et en même temps pour tout ce qu'aurait refusé le général – libéralisme, Europe supranationale, monnaie unique, alignement sur les États-Unis... Le képi lui va si bien.

Pendant ce temps, dans *Libération*, des intellectuels lancent un appel à tous les candidats de gauche, de Mélenchon à Macron, pour qu'ils se plient aux règles d'une seule et unique primaire ! Il faut être bien naïf, alors que la gauche antilibérale seule n'a jamais su s'unir et se fédérer, pour croire que le Parti communiste français pourrait faire cause commune avec le très libéral groupuscule En Marche !, ou que Robespierre-le-Petit puisse y aller main dans la main avec Macron, alors qu'il a déjà violé le PC pour montrer son muscle.

Dans son coin, furieux de voir Valls partir lui aussi au combat narcissique, Montebourg n'y va pas par quatre chemins : il persiste après une déclaration faite il y a quelque temps en invitant franchement la droite à venir voter aux primaires pour faire barrage à Valls – donc à voter pour lui... La gauche ayant contribué à élire Fillon en évinçant Sarkozy qui a emporté Juppé dans sa chute, il espère que la droite peut renvoyer l'ascenseur et travailler à son élection en sortant Valls.

Ajoutons à cela que, créditée de 0 % aux présidentielles dans les sondages, Sylvia Pinel rejoint finalement la course des primaires... Le Parti radical de gauche n'avait-il pas déjà annoncé sa candidature directe ? Pas grave... On n'est pas à un retournement de veste prêt chez les radicaux-socialistes, qui sont tout, sauf radicaux et sauf socialistes.

Finissons-en avec Emmanuel Macron, qui effectue un très long et très lent strip-tease en matière de programme – à ce rythme, sera-t-il nu à jour ? Il trouve scandaleux que le SMIC soit à 1 466 euros ; il a raison, j'applaudis des deux mains. Pour ce faire, il propose d'exonérer les smicards de cotisations chômage et maladie, le tout compensé par une augmentation de la CSG. L'ex-banquier de chez Rothschild sort du chapeau le bénéfice comme le lapin du magicien : 500 euros par an, soit 41 euros par mois. Soit 1,32 euro par jour... Il oublie de rappeler que ce chiffre est calculé pour un couple : ce qui veut dire, pour un ou une célibataire, une aumône de 250 euros par an, soit 20 euros 50 par mois, autrement dit 60 centimes d'euros par jour... Il y a des gifles qui se perdent...

Et tout ça, ça fait d'excellents Français, comme dirait l'autre. Bientôt, ils vont parler avec des trémolos dans la voix et des mouvements de menton de bien public et de valeurs de la république, d'intérêt général et de salut de la France. Ils s'étonneront ensuite du score de Marine Le Pen – qui ne vaut guère mieux...

36

En plein dans le Fillon

François Fillon et la double vérité

Mardi 13 décembre

Au XIIe siècle, dans son *Discours décisif*, le philosophe Averroès a théorisé la double vérité islamique qui permet de dire d'une chose qu'elle est vraie mais d'affirmer, dans le même temps, et non sous un autre angle, qu'elle est aussi fausse suivant qu'on la destine à un croyant de la même religion que soi ou à un autre qui n'est pas son coreligionnaire. Cette *taquia* qui légitime le mensonge, pourvu qu'il serve la cause islamique, voilà l'arsenal de tout homme politique qui se respecte.

Tout le monde a entendu François Fillon, lors de son débat télévisé avec Alain Juppé, affirmer qu'il entendait ne plus rembourser les frais médicaux qui ne relèveraient pas des affections graves et des pathologies lourdes. Tout ce qui concernerait la bobologie serait à la charge de l'assuré, qui aurait ainsi intérêt à contracter une mutuelle à ses frais. C'était dire que les riches pourraient se soigner, car ils peuvent payer, pendant que les pauvres ne le pourraient plus, ce qui est déjà le cas, faute d'en avoir les moyens. C'était un bon marqueur de droite dans l'esprit « Salauds de pauvres ! » qui fait florès dans ce camp-là.

Juppé, qui n'avait pas saisi qu'il s'agissait d'un premier tour de primaires et qui faisait une campagne de second tour de présidentielle, ce qui l'a perdu, a bien compris la faille et a sauté tout de suite sur l'occasion, les yeux ronds et la bouche en cul-de-poule devant pareil cadeau médiatique tombé du ciel. Il l'a donc interrogé pour la creuser ; le Fillon a persisté et signé. La droite de gauche perdait ; la droite de droite marquait un point.

Fillon ayant remporté la victoire des primaires, la gauche découvrait qu'elle disposait à nouveau d'un programme : elle était contre la droite. Et quel chiffon rouge mieux que cette saillie fillonesque sur la santé des riches et la santé des pauvres pouvait faire office de muleta pour l'électeur de gauche ? Ce qui fut fait, bien sûr...

Avec cette prescription pharmaceutique, Fillon gagnait un peu chez les notaires et les huissiers de justice, mais il perdait beaucoup dans le populo. Or, le jour J, il y a plus d'électeurs modestes que de tabellions ou d'apothicaires. Donc, tout debout sur la pédale de frein, Fillon se fend d'une tribune dans *Le Figaro*, le journal des notaires et des pharmaciens, pour dire qu'on ne l'a pas bien compris : ce qui a été dit clairement a été mal entendu ; ce qu'il faut désormais saisir, c'est que le contraire est vrai.

Fillon avait gagné sur sa droite et perdu sur sa gauche. Avec pareil rétropédalage, il perd sur sa droite et ne regagnera pas ce qu'il a déjà perdu sur sa gauche. Marine Le Pen aura beau jeu, elle qui n'a pas encore eu l'occasion de se renier (sa nièce assurant la double vérité au FN...), de brocarder ceux qui n'ont pas même attendu d'être au pouvoir pour se renier et trahir leurs engagements.

Moi qui affirme sans cesse que la trilogie *séduction, élection, trahison* est la loi de la politique politicienne, je ne pensais pas qu'un candidat irait si vite pour parcourir ce chemin farcesque balisé depuis bien longtemps.

Sur les bords de la Garonne, Juppé doit l'avoir mauvaise. N'avoir pas compris qu'en politique c'est toujours le plus démagogue qui gagne montre que le maire de Bordeaux n'a pas appris grand-chose depuis sa sortie de l'École normale supérieure et de l'ENA.

37

La gauche qui vote Ben Laden

Hamon, fasciste de gauche

Dimanche 18 décembre

Benoît Hamon est candidat aux primaires de la gauche. Il entend incarner ce qu'il croit être la gauche de la gauche alors qu'il ne fait qu'incarner la gauche collaborationniste d'une idéologie misogyne, phallocrate, antisémite, antisioniste, homophobe. On a les fascistes qu'on peut...

Un journaliste du journal du soir de France 3 l'a fait réagir à un reportage accablant diffusé sur France 2 qui montre deux femmes extraordinaires, courageuses et de gauche, elles, qui prouvent en caméra cachée que des bars de Sevran dans le 93 revendiquent le refus de la mixité et les invitent à quitter un lieu réservé aux seuls hommes... « On a des mentalités différentes ici... C'est comme au bled », disent-ils alors qu'elles interjettent qu'on est ici en France !

Commentaire benoît du Hamon : « Historiquement, dans les cafés ouvriers, il n'y avait pas de femmes. » L'islam, c'est donc la religion des prolétaires... « Circulez, y'a rien à voir et les femmes, ouste, à la maison pour torcher les gosses et préparer le couscous. » Pas sûr que Mme Hamon, rentrant de sa journée harassante à son poste à LVMH, l'industrie du luxe français comme chacun sait, soit elle aussi soumise à ce régime... ouvriériste par son prolétaire de mari ! Le réel, il connaît, lui...

Clémentine Autain du Front de gauche robespierriste avait elle aussi embouché la même trompette cléricale. Tout autant inspirée qu'un évêque soutenant Adolphe Thiers après la répression de la Commune, elle a mis en doute l'honnêteté du reportage. Quand le réel ne convient pas aux idéologues, ils ne changent pas de catéchisme, mais de réel – c'est à ça qu'on les reconnaît. Un *selfie* de sa petite personne prouvait que l'islam de ce café était féministe, philosémite, homophile et tolérant. Puis le selfie a disparu. Le réel, elle connaît, elle...

L'inénarrable Maurice Szafran, viré de *Marianne* pour des notes de frais dignes d'un oligarque russe, fait chorus à cette infamie lui aussi en affirmant que les femmes n'étaient pas non plus bienvenues en Corse ! Il n'a jamais dû connaître autre chose que les restaurants huppés de son VIe arrondissement dans lesquels il ne débourse jamais un centime... Le réel, il connaît, lui...

En France, donc, on peut être clairement et ouvertement clérical, bigot, misogyne, phallocrate, antisémite, antisioniste, homophobe ; mais pour ce faire, il faut avant tout montrer ses papiers de gauche.

Nadia Remadna et Aziza Sayah, ces deux femmes valeureuses de La Brigade des mères, témoignent plus loin, dans la rue, devant la caméra. Une voiture ralentit, s'arrête, puis repart lentement : les passagers veulent les intimider. Malaise… Nadia se tient le visage dans les mains, vrillée par la peur. Toutes deux disent se faire menacer régulièrement. Puis elles décident d'arrêter le reportage, trop dangereux de dire le réel.

Qui était dans la voiture ? Peut-être Benoît Hamon, peut-être Clémentine Autain, peut-être Maurice Szafran, on ne saura jamais…

38

Le désagrégé de philo

Peillon, idiot utile du négationnisme

Mercredi 4 janvier 2017

Vincent Peillon, fils d'un banquier communiste et d'une chercheuse à l'INSERM, est agrégé et docteur en philosophie. Sa thèse s'intitule *La Tradition de l'esprit : essai sur la pensée interrogative de M. Merleau-Ponty* – un émétique puissant, un carminatif efficace publié aux éditions Grasset. Après un échec politique dans une carrière d'apparatchik, il a été payé deux ans par le CNRS, autrement dit par le contribuable, pour écrire ses livres, avant de devenir professeur de philosophie dans une université suisse. Il y a peu, après avoir quitté la politique, il s'est découvert une vocation soudaine de chef socialiste de l'État français.

C'est dans le cadre de sa montée médiatique vers l'Élysée qu'on lui doit, à la télévision, chez David Pujadas et Léa Salamé, une affirmation subtile, intelligente, mesurée, délicate, fine, exquise, gracieuse : « Si certains veulent utiliser la laïcité, ça a déjà été fait dans le passé, contre certaines catégories de population, c'était il y a quarante ans [*sic*], les Juifs à qui on mettait des étoiles jaunes, c'est aujourd'hui un certain nombre de nos compatriotes musulmans qu'on amalgame d'ailleurs souvent avec les islamistes radicaux, c'est intolérable. » Preuve est faite qu'on peut être agrégé comme les moules sur leur rocher, docteur comme Knock et penser comme un fer à repasser.

Car, de deux choses l'une : *ou Peillon a raison*, et il lui reste à prouver qu'en France, un homme, un seul, je ne parle pas même de dix, cent, mille ou un parti tout entier, un seul homme propose clairement de confisquer les biens des musulmans, de leur attribuer un statut de seconde zone dans la République, de leur interdire certaines professions (médecin, avocat, enseignant, universitaire, magistrat, entre autres), d'exiger d'eux qu'ils portent un signe infamant qui les désigne à la vindicte et à la haine, de les parquer dans des conditions inhumaines, de les transporter tels des animaux dans des wagons à bestiaux, de les emmener dans des camps de la mort, de les y torturer par tous les moyens, physiques et psychiques, avant de les gazer, puis de les passer dans des fours crématoires. Je crains qu'il ait du mal à donner le nom d'un seul homme qui penserait pareilles monstruosités.

Ou bien Peillon a tort, alors il estime que ce qu'on a fait subir aux Juifs n'est pas grand-chose, puisque même les vigies qui guettent scrupuleusement l'islamophobie partout et qui la répèrent souvent dès le premier clignement d'œil n'ont signalé dans aucun de leurs rapports qu'une seule des rubriques précédemment listées puisse être cochée : en France, personne n'a proposé de confisquer les biens des musulmans, de leur attribuer un statut de seconde zone, de leur interdire des professions, d'exiger d'eux le port d'un signe, d'être parqués, déportés, gazés, incinérés...

Dès lors, Peillon est soit un menteur, soit un idiot utile du négationnisme. Car minorer l'antisémitisme de la Seconde Guerre mondiale en disant qu'il est semblable à ce que l'on fait subir aujourd'hui à certains musulmans alors que rien de notable n'a ressemblé de près ou de loin à ce qu'ont été les lois antijuives de Vichy (décrétées il y a soixante-quinze ans et pas quarante !), c'est banaliser la Shoah, l'instrumentaliser, en jouer, s'en servir à ses propres fins – ici, rhétoriques et sophistiques, platement électorales. Avec pareils *raisonnements*, Dieudonné et Soral peuvent dormir sur leurs quatre oreilles. Ils ne sont pas les seuls à creuser la même galerie.

Dernière heure : Mazarine Pingeot, agrégée de philosophie elle aussi, mais poussive avec une thèse sur Descartes qui ne décolle pas, fait savoir que, pour elle, ce sera Peillon. Dans Le Point *de ce jour, elle donne les raisons de son choix. « D'abord, parce que c'est un professeur de philosophie. Pour moi, cela veut dire [*sic*] qu'il a une hauteur de vue. Et j'ai confiance, je trouve qu'il a un discours, notamment sur la laïcité, qui est très clair. » Très clair en effet... La collection de fers à repasser s'enrichit.*

39

Le plus primaire de la gauche

Vincent Peillon largement en tête

Jeudi 5 janvier

Quand la gauche triomphe en caricature d'elle-même, elle ouvre des boulevards à la droite qui n'en demande pas tant. Vincent Peillon, qui a été visité par la grâce présidentielle entre la dinde de Noël et les mirlitons du réveillon, a déposé sa candidature à la primaire. Pari tenu : il est en passe d'être le plus primaire des candidats de gauche.

Après qu'il eut confondu l'ère Giscard et l'ère Pétain en se trompant de trois bonnes décennies dans ses approximations historiques, après qu'il eut fait des musulmans d'aujourd'hui l'équivalent ontologique des Juifs sous Vichy qu'on destinait à la chambre à gaz, le voilà-t-y pas qu'il en rajoute, pour être sûr et certain d'être le premier des primaires de gauche.

Pour distinguer la droite de la gauche, le désagrégé de philosophie a en effet déclaré sur TMC : « La gauche, c'est : “Je considère que si j'ai des droits, le droit de voter, le droit de me marier, d'autres, même s'ils ont d'autres orientations, doivent avoir les mêmes droits." La droite, c'est [*sic*] des gens qui considèrent qu'il y a des différences entre nous qui font que, par exemple "Si nous n'avons pas la même orientation sexuelle, moi j'ai le droit de me marier, lui n'a pas le droit de se marier. Il est noir ? Il n'a pas le droit de vote." C'est ça, notre histoire depuis deux siècles. » Cette double définition mériterait de figurer dans une nouvelle *Exégèse des lieux communs* de Léon Bloy ou dans le *Dictionnaire des idées reçues* de Flaubert – deux auteurs qui, bien sûr, font le jeu du Front national.

Ne chipotons pas sur la syntaxe, ne chicanons pas sur le style, n'ergotons pas sur la langue, n'épiloguons pas sur la forme qui semble traduite de l'allemand phénoménologique, contentons-nous du fond : la droite, c'est le mal dans lequel croupissent comme dans un marais (aux relents nauséabonds) des homophobes assimilés à ceux qui estiment que le mariage pourrait bien n'être pas l'horizon indépassable du couple homosexuel ; la droite, c'est aussi le chaudron infernal dans lequel cuisent à feu doux les racistes qui ne veulent pas que « les Noirs » aient le droit de vote. En revanche, la gauche, c'est le bien (aux odeurs de rose) qui rassemble ceux qui aiment tout le monde – sauf les gens de droite, autrement dit, une bonne moitié de la France.

Or, dans l'histoire, la gauche n'a pas été un modèle de vertu républicaine et démocratique alors que la droite l'a parfois dépassée sur le sujet. Vincent Peillon, prompt aux trémolos maçonniques quand il s'agit de renvoyer à la Révolution française, oublie qu'en 1791, c'est le suffrage censitaire qui fait la loi : il faut être riche et propriétaire pour pouvoir voter ; en 1792, le suffrage est dit universel, mais il ne concerne que les hommes, il exclut les domestiques ; en 1795, le Directoire rétablit le suffrage censitaire… Pas gentille, la gauche !

En revanche, en 1944, le général de Gaulle accorde le droit de vote aux femmes et décrète le suffrage universel dans les colonies françaises où, accessoirement, se trouvent quelques « Noirs » ; en 1962, le même général de Gaulle promulgue l'élection du président de la République au suffrage universel – les « Noirs » n'en sont pas exclus. Gentille, la droite !

Quant au droit de vote des immigrés, il a été proposé en 1981, en 1987, en 1988 par Mitterrand, un gentil de gauche, mais jamais réalisé ; en 2002, par Jospin, un gentil de gauche, mais jamais réalisé ; en 2012, par Hollande, un gentil de gauche, mais jamais réalisé. Il y eut même quelques méchants de droite pour le proposer aussi, et n'en rien faire, dont Sarkozy, qui fut, rappelons-le pour les jeunes lecteurs, président de la République.

Peillon a satisfait aux exigences de l'agrégation de philosophie, qui, hélas, ne réclame pas de grandes connaissances historiques ; quand il aura été renvoyé à ses chères études, après la primaire, conseillons-lui de retourner sur les bancs de l'école pour acquérir quelques rudiments d'histoire. Ça ne pourra pas nuire à sa carrière de professeur de philosophie chez les Helvètes.

40

Électroencéphalogramme plat

Vincent, Manuel, Benoît & les autres

Jeudi 12 janvier

Dieu que la vie est belle, quand on a brisé le prie-Dieu de gauche en estimant qu'on peut se faire sa religion socialiste tout seul, en dehors des catéchismes, des chapelles, des églises et des sacristies ! Pas besoin de choisir entre l'arrogance suffisante de Montebourg, la morgue professorale de Peillon, l'oral de bac poussif de Hamon, le cynisme en barre de Valls, la pitrerie bouffonne de Bennahmias, le sang bleu d'apparatchik de Rugy, la féminitude obligée de Pinel, en estimant que, si l'on n'a pas choisi entre ces figurants, c'est qu'on n'est pas, ou plus, de gauche !

Tous arrivent sur scène habillés de la même manière, sauf Bennahmias, qui a oublié sa cravate en même temps que le contenu de son programme, et Valls, qui l'a choisie bleue, c'est la couleur de la droite. À première vue, pris par surprise, on imagine un congrès national des pompes funèbres. L'émission terminée, on constate qu'on n'en fut pas bien loin.

Il est loin le temps mitterrandien du « changer la vie » ! C'est la vie qui les a changés, tous. Depuis que Mitterrand a décrété le libéralisme d'État religion officielle du socialisme, toute cette engeance est allée à la soupe : dans le désordre, ils ont été ministres, secrétaires d'État, Premier ministre, député européen, vice-président de l'Assemblée nationale, candidats aux primaires, autrement dit, des rouages importants de la machine qui a failli et dont les Français ne veulent plus.

Qu'est-ce qui les distingue d'Alain Juppé ou de NKM, de Raffarin ou de Giscard ? Pas grand-chose. Ils disent tous s'opposer alors que, finalement, ils défendent un même monde qu'ils gèrent de la même manière, sauf à la marge et dans le symbolique.

Les primaires de droite et de gauche vont également avoir lieu ; on appelle ça une présidentielle. Chacun des candidats en passe de l'emporter arrivera avec un programme distinct de son voisin : ultra-libéral, réactionnaire, de droite dure selon la gauche (de droite) quand elle qualifie la droite (de gauche) ; insoucieux des finances publiques, dépensier, coûteux, laxiste selon la droite (de gauche) quand elle qualifie la gauche (de droite).

Une fois au pouvoir, cette gauche de droite et cette droite de gauche gouverneront de la même manière en gratifiant de sucres d'orge symboliques et médiatiques leur électorat pour lui faire croire qu'il est bien distinct du camp d'en face.

Une fois à l'Élysée, le président élu découvrira ce qu'il sait déjà : son métier consiste à répondre aux appels téléphoniques de Bruxelles qui donnent les ordres et la feuille de route que tous s'empresseront d'honorer – demandez à Tsipras, le héros de Jean-Luc Le Pen et de Marine Mélenchon, comment ça marche…

Voilà pourquoi ce premier débat de *La Belle Alliance* (!) fut un électroencéphalogramme plat : la politique est morte depuis que le transfert de souveraineté et l'abandon de la monnaie contraignent le président de la République française à se faire le Premier ministre de Bruxelles. Mais le dire, ce serait briser le jouet avec lequel ils jouent, eux et ceux qui les croient... En direct, à la télé, ça ne se fait pas.

41

Plus rien à foutre...

François Hollande vote Michel Drucker

Dimanche 15 janvier

Bardé de conseillers en communication et n'écoutant que son intelligence, qui est vaste, François Hollande, président de la République en exercice, a compris que chacun de ses gestes, parce qu'il est plus que lui-même de par sa fonction, s'est ostensiblement rendu au théâtre en compagnie d'Audrey Azoulay, son inséparable ministre de la Culture, pour assister à un one-man-show de Michel Drucker *lacaniquement* intitulé *Seul... avec vous.* Plus freudien que ça, tu meurs...

L'époque n'est plus où le général de Gaulle, l'auteur de l'Appel du 18 juin et le fondateur de la Ve République, le prisonnier de guerre de la Première Guerre mondiale et le héros de la Seconde, se rendait à l'opéra avec André Malraux, prix Goncourt pour *La Condition humaine*, pour assister à un concert sous le plafond peint par Chagall sollicité par l'auteur des *Voix du silence*. Aujourd'hui, le président de la République se déplace pour Michel Drucker...

Il sait que ce geste va être connu, épié, commenté, disséqué, raconté, analysé ; pour ce faire, il a pris soin d'envoyer un texto le matin même à Michel Drucker en sachant très bien que c'était une meilleure méthode que d'envoyer directement l'info à l'AFP.

Nonobstant cette soudaine auto-invitation, le président de la République a parlé d'un rendez-vous pris depuis longtemps et qu'il honorait comme par hasard ce jour-là, en plein pendant le débat télévisé de la primaire de la gauche. Ici comme ailleurs, courageux mais pas téméraire, le Hollande...

Que voulait-il faire passer comme message aux Français ? Un doigt d'honneur pour les sourds et malentendants et, pour ceux qui avaient toutes leurs oreilles, un tonitruant « Plus rien à foutre ! »

Le spectacle offert par cette psyché malade est pitoyable ! Cet homme qui ne doute de rien, et surtout pas de lui-même, avait soumis sa candidature à la réélection, on s'en souvient, à la condition d'une très improbable inversion de la courbe du chômage obtenue avec le concours de prestidigitateurs.

Il a également commis l'erreur funeste de continuer à jouer la partition de l'homme normal, comme si de rien n'était de sa popularité déchiquetée, en acceptant de passer sous les fourches caudines d'une primaire où il aurait débattu avec une poignée de reptiles de son camp aussi perfides que lui, tous le détestant.

Le jour où Hollande s'est soumis à cette farce faussement démocratique, vraiment démagogique et surtout terriblement médiatique (quelle aubaine en effet pour vendre les salades des boutiques éditocratiques !), il s'est non pas tiré une balle dans le pied mais dans ce qui lui restait de tête !

Car qui, à part lui, pouvait croire que débattre pour obtenir le *leadership* d'un camp qui est un clan, quand on aspire à représenter la totalité de la nation, ne rabaissait pas la fonction ? Celle-ci l'obligeait en effet à viser 100 % de Français alors qu'il n'aurait pas même été capable de rassembler 20 % de socialistes, au point qu'il dut se rendre en rase campagne sans même être allé au combat...

Ce soir-là, quittant Drucker, Hollande est sorti nu dans la rue en croyant qu'il était encore vêtu de pourpre. Entre les larmes et les yeux au beurre noir, entre le sang qui lui pissait du nez et son arcade sourcilière fendue, les dents de devant sautées par l'uppercut, il a regardé bien en face la caméra et son regard a dit : « Même pas mal. »

Puis, le convoi a reconduit le prince dans ses appartements dans lesquels, en chaussons, une bière à la main, il a probablement dîné d'un plateau-repas en regardant les infos sur BFM TV. Il s'y est vu ; il s'est probablement trouvé irrésistible pour ce bon coup qu'une fois de plus il s'était porté à lui-même...

42

Le réel ne doit pas avoir lieu

Paul Laurent, roi autoproclamé du peuple

Samedi 14 janvier

En septembre 2014, alors qu'il était ministre de l'Économie d'un certain François Hollande qu'en amont il avait conseillé dans l'ombre pendant trois années, Emmanuel Macron a parlé du chômage de masse et de la France malade. Pour ce faire, lors d'une émission sur Europe 1, il avait pris pour exemple les employés licenciés des abattoirs Gad en disant : « Il y a dans cette société une majorité de femmes, pour beaucoup illettrées. Pour beaucoup on leur explique "vous n'avez pas d'avenir à Gad ou aux alentours, allez travailler à 50 ou 60 km". Ces gens-là n'ont pas le permis de conduire. On va leur dire quoi ? "Il faut payer 1 500 euros, il faut attendre un an" ? » Venue de partout, une volée de bois vert accueillit son propos.

Le 14 janvier 2016, roulant pour son propre compte présidentiel, Macron se rend à Nœux-les-Mines dans le Pas-de-Calais. Il y dit : « Dans ce bassin minier, les soins se sont moins bien faits, il y a beaucoup de tabagisme et d'alcoolisme, l'espérance de vie s'est réduite, elle est de plusieurs années inférieure à la moyenne nationale. [...] Il faut traiter cela en urgence afin de rendre le quotidien de ces personnes meilleur. » Une autre volée de bois vert accueille ses propos.

Pierre Laurent, secrétaire national du PCF, roi autoproclamé du peuple, tweete : « Qui méprise le peuple, méprise la France. » Et avec lui, comme un seul homme, les médias, le Front national, la droite libérale, la gauche libérale, les écologistes, tous ont accablé Macron qui *aurait* insulté le peuple.

Mais insulte-t-on un cancéreux quand on lui annonce qu'il souffre, hélas, d'une tumeur maligne ? Car Macron fait de la sociologie et il est bien l'un des rares parmi les candidats à ne pas enfiler les perles conceptuelles sur ce sujet. C'est bien méconnaître le peuple que de l'imaginer ne buvant pas d'alcool mais juste de l'Orangina, goûtant la *Recherche du temps perdu* plus que la télévision, mangeant des sushis végétariens au lieu de repas gras faits de conserves et de fritures (lire ou relire *La Distinction* du regretté Pierre Bourdieu), achetant des produits bios à la place des sucreries, tétouillant un vapoteur plutôt que tirant sur sa gauloise.

Macron a raison : les premières victimes de l'effondrement du système scolaire, ce sont les pauvres ; oui, l'illettrisme est chez eux plus grand que chez les bourgeois ; les premières victimes de ce que l'on nomme la malbouffe, ce sont les pauvres, et non les bobos des beaux quartiers ; les premières victimes des maladies liées à l'alcoolisme, au tabagisme, à la mauvaise alimentation, ceux qui meurent plus vite, ce sont les pauvres et non les bien-nourris des centres-villes ; les premières victimes des plans sociaux, oui, ce sont les femmes, ce sont aussi ceux qui ne savent pas lire et qui, de ce fait, n'ont pas de permis de conduire.

La honte n'est pas qu'Emmanuel Macron dise le réel et le dise juste et bien, vrai et direct, mais que le premier des communistes français, qui devrait tenir ce discours pour s'en émouvoir et combattre cet état de fait, estime que dire le réel, c'est insulter ceux qu'il accable ! Pendant que le sage Macron montre la lune, l'imbécile Laurent regarde le doigt. Pas étonnant que son parti se vide sous lui...

Oui, le prolétariat souffre, il est affecté par l'alcoolisme, le tabagisme, l'illettrisme, le chômage, la pauvreté, la misère, la mauvaise nourriture, il meurt plus tôt que les autres au bout d'une vie de misère et de privation.

Que le dire soit devenu plus grave que de vouloir s'y attaquer renseigne sur l'abjection de la classe politique en général, qui prétend améliorer la vie quotidienne des électeurs, et celle du PCF en particulier, qui revendique de se soucier des plus démunis alors qu'il n'a pour seul horizon que de maintenir en vie sa petite boutique bourgeoise.

43

Le grand cadavre à la renverse

Hamon, petit Grand Timonier

Dimanche 22 janvier

Le Parti socialiste, qui est mort en 1983, s'est longuement décomposé depuis cette funeste date. Il a connu les joies du pourrissement, les bonheurs de la fermentation, les extases de la putréfaction – et nous avec…

Le voici qui, maintenant, commence à sentir fort, très fort. Il ment sur le nombre d'électeurs et prétend en fin de journée, quand le score de la participation s'avère déplorable, que c'est la faute à la météo.

Nommé inspecteur de l'académie de Paris à un poste qui n'exigeait guère de travail mais lui rapportait 4 500 euros par mois (*Marianne*, 12 février 2010), Christophe Borgel, le président du comité national d'organisation de la primaire de la Belle Alliance populaire, a en effet justifié cette défection par une « matinée aux températures polaires » !

La météo confirme : il a bien fait ce jour moins quarante à Paris, moins vingt à Nice, moins cinquante à Lille, toutes températures dûment polaires qui expliquent en effet que les électeurs de gauche ont préféré ne pas sortir de chez eux.

Cette saillie à faire rentrer son auteur dans les annales du parti témoigne de deux choses : de la qualité de l'intelligence du monsieur et de son immense probité. Je passe sous silence son talent pour mettre en relation les anticyclones et le bulletin de vote. Cet homme doit sortir de l'École normale supérieure. Quand le PS n'a plus que ce genre d'olibrius pour expliquer que le réel n'a pas eu lieu, on comprend que le parti grouille de vers comme une charogne.

Ce parti qui vivait depuis 1981 affligé d'une pathologie lourde, la schizophrénie, a toujours parlé à gauche et toujours gouverné à droite. C'est Mitterrand qui inaugure cette maladie : en 1981, il veut « changer la vie » ; en 1983, la vie l'a changé, il décrète la rigueur et fait payer les pauvres. En 2012, Hollande vocifère au Bourget que son ennemi, c'est la finance ; au pouvoir, il s'évertue à jeter ses promesses aux orties et gouverne avec le 49.3 braqué sur la tempe du Parlement.

Aujourd'hui, ce sont ces deux gauches qui s'opposent : celle qui cause et séduit, celle qui agit et déçoit. L'éthique de conviction de celui qui parle sans souci de l'éthique de responsabilité, puisqu'il n'est pas aux affaires, a gagné les primaires : Benoît Hamon rase gratis. Il n'a ni rasoir ni mousse à raser, ni même un CAP de barbier, mais il rase gratis quand même.

Pendant ce temps, Manuel Valls moque celui qui n'aurait que des convictions mais aucun talent pour les responsabilités. Pour sa part, il a mis en œuvre la politique de renoncement de Hollande.

Le bilan du renonçant, c'est donc aussi le sien. Croit-il vraiment que les électeurs ne s'en souviendront pas ? Prend-il les gens pour des crétins à ce point ? Bénéficiaire du 49.3 quand il agit, il en fait la critique quand il cause : imagine-t-il ainsi qu'il fera croire que Manuel n'avait rien à voir avec Valls ? Au second tour, il comprendra sa douleur.

Deux bouts du cadavre du PS sont déjà partis ailleurs : à droite chez Macron, à gauche chez Mélenchon. Il ne reste plus qu'un faux nez en plastique bougeant encore un peu, mais il est juste mû par les asticots qui gigotent. Quand la mort est là, ce qui vit, c'est encore la mort.

44

Les primaires bananières

Christophe Borgel, pied nickelé socialiste

Lundi 23 janvier

J'ai toujours douté que le résultat du référendum sur Maastricht ait été positif. Ce 20 septembre 1992, l'absence de résultat dès 20 heures sur la chaîne de télévision publique, le flou de vingt minutes avec les atermoiements des invités sur le plateau, la brève intervention du président Mitterrand à la télévision en direct pour dire que le résultat était court, certes, mais en faveur de son camp, l'impulsion donnée ainsi aux commentateurs, journalistes et politiciens, tout cela sentait la cuisine mitterrandienne. Mais bon, on ne saura jamais. Le passé de ce chef de l'État fut un tel passif qu'il n'interdit pas l'hypothèse. Il y aurait eu un genre d'attentat électoral comme il y eut jadis la farce de l'Observatoire...

En novembre 2008, il y eut aussi le congrès du Parti socialiste de Reims destiné à remplacer François Hollande au poste de premier secrétaire. Il avait porté Ségolène Royal à la première place avant qu'un bourrage d'urne fort opportun évince la compagne de François Hollande pour transformer la perdante, Martine Aubry, en gagnante. Un livre fort documenté d'Antonin André et de Karim Rissouli intitulé *Hold-ups, arnaques et trahisons* rapporte le détail de cette opération digne des républiques bananières. Ségolène Royal a baissé les bras ; Hollande a laissé faire.

Pour ce faire, dans un bureau de l'Assemblée nationale, il y avait alors à la manœuvre Claude Bartolone, Christophe Borgel, François Lamy et Jean-Christophe Cambadélis. Depuis, Bartolone est devenu président de l'Assemblée, Cambadélis patron du Parti socialiste, François Lamy est rattaché à son service et Christophe Borgel a été chargé d'organiser la primaire de la Belle Alliance populaire de 2017 !

Borgel, c'est aussi, je l'ai déjà signalé, l'inspecteur d'académie sans réel travail pointé par la Cour des comptes, c'est également l'homme qui, chargé des élections par le PS, est mandaté pour une enquête lors d'une fraude électorale aux législatives de 2012 dans la Haute-Garonne et qui, à la faveur du différend, écarte les protagonistes et devient lui-même député. C'est enfin le génie des Carpates qui explique que la participation à ces primaires n'est pas bonne à cause… des températures polaires !

On sait aujourd'hui que le Parti socialiste et ses relais ont menti sur les chiffres : vers midi, dimanche, il annonce 400000 participants ; vers 15 heures, Borgel dénonce les fameuses températures polaires ; vers 20 h 30, Cambadélis donne une fourchette de participation : entre 1,5 et 2 millions – plutôt 2 que 1,5 ; vers 21 heures tombent les estimations chiffrées sur chacun des candidats ; vers 23 heures, les socialistes font disparaître le compteur de la participation de leurs écrans ; vers minuit, des informations venues d'ailleurs signalent qu'il n'y aurait pas même 1 million de votants ; dans la nuit, 300 000 nouveaux votes sont dépouillés ; mais, au matin, cet apport considérable de voix n'a pas modifié un seul dixième d'aucun des sept candidats : la version officielle s'est imposée ; les médias l'ont commentée sans l'interroger.

Ce bourrage d'urne en forme de cas d'école est nommé « cafouillage » par France Inter… J'imagine ce qu'il en aurait été chez les journalistes du service si peu public si la forfaiture avait été le fait de la droite.

Le lendemain matin, Thomas Clay, président de la Haute Autorité, affirme sans rire sur France Info que les prestataires du site Internet n'ont pas travaillé la nuit, ce qui explique la disparition du compteur. Normal, en effet, quand on a remporté le marché juteux des primaires, que l'équipe aille se coucher vers minuit en attendant le lendemain matin pour reprendre le turbin et continuer les additions à la main !

En cours d'après-midi, ce lundi, Christophe Borgel donne la clé de tous ces mystères : « Il y a eu un bug, rien de plus. » On est rassurés, Mitterrand n'est pas mort, il reste encore quelques-uns de ses sectateurs au Parti socialiste.

45

Laissez venir à moi les petits biftons

Les Fillon font la quête

Mercredi 25 janvier

La politique, c'est aussi une affaire de déconsidération de son ennemi. Quand on n'est pas fort de sa force, on l'est de la faiblesse de son adversaire. Dans un monde où l'histoire se réduit la plupart du temps à ses poubelles et où les gagnants potentiels de la présidentielle défendent peu ou prou une même vision des choses (en gros, une soumission aux règles de fer de l'État maastrichien), la différence se fait sur l'homme.

Rien de tel, dès lors, qu'un scandale pour faire chuter tel ou tel, ce qui permettra à l'autre, même s'il est au ras du sol, de se croire au sommet – le pire, c'est que, de ce fait, il y sera... Une vidéo sexuelle, une femme de ménage non déclarée, une maîtresse mineure, un compte en Suisse, une extension de maison de vacances sans permis de construire, un garage avec une Porsche ou une Ferrari, des cadeaux de boîtes de cigares ou de caisses de vin, une collection de montres haut de gamme payée en liquide, une location d'appartement à bas prix, une gifle donnée il y a vingt ans, une orgie avec des petits garçons en Afrique du Nord, et voilà le héros d'un jour transformé en salaud pour toujours.

On parle République et droits de l'homme, bien sûr, liberté, égalité, fraternité, évidemment, laïcité et féminisme, inévitablement, mais, en douce, on taquine la collégienne, on exploite la Maghrébine, on évite l'impôt, on prêche pour autrui ce qu'on se dispense de pratiquer, on se goinfre et on se goberge aux frais de ses obligés, on se loge au détriment des véritables nécessiteux, on apparaît maquillé de rouge à lèvres alors qu'on est un homme pour lutter contre le harcèlement sexuel après avoir pourchassé une petite dizaine de collaboratrices...

Quand on manifeste sa fatigue d'une classe politique corrompue, ceux-là même ne manquent pas de dire qu'on fait le jeu du Front national. Eux, bien sûr, par leurs agissements, se contentent de faire le jeu de la démocratie et de la République.

Aujourd'hui, c'est au tour de François Fillon. *Le Canard enchaîné* nous apprend que sa femme se serait remplie les fouilles avec des postes très bien payés et n'exigeant probablement aucun travail : attachée parlementaire à la maison et rédactrice à la *Revue des deux mondes*, où elle aurait probablement usé d'un pseudonyme indéchiffrable puisque le patron de la *Revue* de l'époque dit ne l'avoir jamais vue.

Fillon a pris soin de préciser que, comme gaulliste et comme catholique, il ne pouvait pas ne pas tenir ce pour quoi il s'était engagé – il venait juste de changer de pied sur la Sécurité sociale… J'ai dit tout ce que je pensais de son gaullisme de pacotille, lui qui estimait que les jeunes Anglais, parce qu'ils avaient voté pour le maintien de la Grande-Bretagne dans le giron de l'Europe maastrichienne, auraient dû disposer de deux voix ! Voilà qui, en effet, était très gaulliste !

Quant à son catholicisme, on sait désormais ce qu'il faut en penser. Ajoutons qu'il s'est depuis converti à la dialectique Royal puisqu'il a réagi à cette information sur LCI en disant qu'il ne la commenterait pas tout en la commentant : il voit dans cette divulgation un acte *misogyne*… Ce gaulliste catholique est donc aussi féministe ; c'est une triple info.

46

César vote pour Brutus

Hollande adoube Macron

Mercredi 25 janvier

Fidèle à sa méthode qui consiste à choisir sans choisir tout en choisissant, François Hollande a choisi Emmanuel Macron. Il a lourdement montré qu'il ne souhaitait pas désigner un dauphin publiquement lors de la primaire de ladite Belle Alliance populaire : ne pouvant se hisser jusqu'à la petite hauteur de la grosse grappe, il avait en effet décidé que les raisins étaient trop verts !

Une fois, il le fit savoir silencieusement en assistant au spectacle de Michel Drucker, accompagné par ce qui lui tient lieu de Malraux ; une autre, il est apparu comme Lawrence d'Arabie, mais dans le désert chilien et sans chèche autour de son noble front. Sans craindre le ridicule, les journalistes annonçaient à la planète entière devant leurs antennes paraboliques que le lieu était tellement isolé du monde que les communications avec la France étaient impossibles...

Dans son camp prétendument socialiste, François Hollande n'avait le choix qu'entre des traîtres, des félons, des faux-culs, des infidèles, des déloyaux, des parjures, des renégats, des frondeurs, des évincés, des congédiés, des renvoyés ; il a donc choisi le premier d'entre eux, celui qui les prit tous de vitesse en sortant la dague du fourreau avant tous les autres : Emmanuel Macron.

La preuve ? Emmanuel Macron s'est en effet rendu à Beyrouth les 23 et 24 janvier avec l'appui de toute la logistique de l'Élysée, du Quai d'Orsay et du réseau des ambassades. Qui dit mieux ? Au lendemain du second tour de la primaire, Benoît Hamon n'aura pas tout ça...

Les amis de Hollande ont mitonné à Macron un séjour aux petits oignons : conférence à l'École supérieure des affaires de Beyrouth, rencontre avec des gros bonnets pleins aux as, présence de l'ambassadeur de France au premier rang, entrevue avec le président libanais, le Premier ministre et le patriarche maronite, nuit passée à la résidence officielle de l'ambassadeur, organisation de deux repas à 15 000 euros le menu avec chaque fois une centaine de personnes issues du gratin libanais.

En soutenant discrètement Macron (plus discrètement que son ex-compagne Ségolène Royal, peu au fait de ce qu'est une subtilité...), Hollande jouit de tuer des morts : il achève Valls, il massacre Montebourg, il extermine Peillon, il méprise la valetaille Bennahmias, de Rugy, Pinel, puis il laisse Benoît Hamon endosser le costume qui fut le sien, celui d'apparatchik du PS qui gagne les primaires et porte les couleurs du parti à l'élection présidentielle en se réjouissant de sa défaite annoncée. Le PS ne veut plus de lui ? Alors il ne veut plus du PS – il doit donc mourir.

Politique de la terre brûlée : ce à quoi Hollande n'est pas parvenu, il ne faut pas que les autres y parviennent. La France ? Les Français ? L'État ? La nation ? La démocratie ? La République ? Vous voulez rire... Comme un pilote d'avion dépressif, Hollande ne souhaite pas mourir seul et, pour ce faire, il précipite son appareil sur la paroi rocheuse d'une montagne. Si j'étais Joffrin, je dirais que tout ça pourrait bien finir par faire un jour le jeu du Front national. Mais comme je ne suis pas Joffrin...

47

Des machines à faire de la politique

Benoît Valls et Manuel Hamon

Mercredi 25 janvier

Le troisième débat des primaires de la gauche montre à nu ce que sont deux machines affûtées comme des couteaux mais bien en peine de savoir ce qu'elles vont faire de leurs lames respectives... Chacun est sur un créneau et campe sur son segment. L'une et l'autre pensée sont formatées pour occuper ce terrain-là.

L'ENS, Sciences Po, l'ENA sont autant d'écoles rutilantes qui produisent ce genre de machines qui nous gouvernent et dont les rouages sont en or mais qui fonctionnent sans âme, sans viscères, sans souffle, sans esprit, avec juste des pistons et des poulies, des engrenages et des ressorts, un réseau de fils électriques et une batterie correctement chargée, un logiciel bien formaté et un programme en ordre de marche. Benoît Valls et Manuel Hamon sont des machines à faire de la politique – comme la plupart des professionnels de la chose publique.

Des convictions ? Pour quoi faire ? Des idées ? À quoi bon ? Des principes ? Et puis quoi, encore ? Une pensée ? Pas utile. Une vision ? Vous plaisantez...

L'un et l'autre sont pour l'Europe, l'euro, les traités maastrichiens, les guerres néocoloniales. En 1992, assistant parlementaire d'un député socialiste, Hamon vote « Oui » à Maastricht ; Valls, conseiller régional d'Île-de-France, vote « Oui » lui aussi – comme Montebourg (et Sarkozy), comme Peillon (et Juppé), comme Rugy (et Bayrou) et comme... Mélenchon (et Copé ou Le Maire).

Sur le terrain de la politique étrangère, Valls vote pour la prolongation de l'intervention des forces armées en Irak ; Hamon aussi. L'un et l'autre sont pour les guerres menées par la France au nom d'un prétendu combat contre le terrorisme – un fléau qui ne risque pas de disparaître avec ce traitement, bien au contraire.

Or, le renoncement de la gauche à être de gauche avec la proclamation de la rigueur en 1983, l'alignement militaire sur les États-Unis de Bush dans des guerres qui ont déséquilibré le monde en 1991, l'abandon de la souveraineté nationale en 1992, tout cela, libéralisme, bellicisme, européisme, a produit le nihilisme dans lequel nous croupissons, terrorisme compris.

Un seul *récent* exemple montre que ces professionnels de la politique sont à géométrie variable : le revenu universel a clivé l'un et l'autre comme un symbole de deux camps, deux gauches qui se disent irréconciliables. Hamon est pour, Valls est contre, le premier assurant qu'il s'agit de l'avenir de la gauche, le second que c'est son utopie. Bien...

Sauf que, le 27 octobre 2016, celui qui dit dans un tweet : « Le revenu universel que je défends, c'est une grande innovation sociale : garantir un revenu à tous et à tout moment », c'est un certain... Manuel Valls en déplacement à Bordeaux ; et celui qui dit, sur ce même sujet : « Ma religion n'est pas encore faite », c'est un certain... Benoît Hamon qui, le 26 mai 2016, en débattait avec Frédéric Lefebvre (qui, comme Christine Boutin, est pour et de droite), et ce, à l'occasion d'une réunion initiée par... le MoDem dans les Yvelines.

Autrement dit, *il y a huit mois*, publiquement, Benoît Hamon n'était pas pour le revenu universel alors qu'aujourd'hui il en est devenu le héraut. De même, *il y a trois mois*, Manuel Valls s'en faisait le défenseur en commençant par les moins de vingt-cinq ans pour l'étendre ensuite à de nouvelles couches – du Hamon tout craché...

48

Le végétarien aime le sang

Mélenchon use sa vie

Vendredi 27 janvier

Comme Robespierre, son maître qu'il adule, Mélenchon n'aime pas le peuple tout en prétendant parler pour lui. La preuve s'en trouve administrée à Périgueux par le candidat de La France insoumise filmé, comme Jean-Marie Le Pen en son temps, dans un accès de colère à l'endroit de l'un de ces hommes qui constituent ce peuple qu'il prétend aimer, connaître et représenter.

Ce cheminot lui dit, plein d'un bon sens qui fait honte à l'idéologie du candidat aux présidentielles, que l'impéritie de la politique menée depuis des années par la droite et la gauche, l'extrême droite et l'extrême gauche, place le pays dans une situation révolutionnaire qui n'a rien de bon, car elle risque de déboucher sur de la violence.

Nous avons là, loin des verbigérations politiciennes, des sophismes d'éditocrate ou des banalités de base proférées par les professionnels de la politique, la manifestation la plus chimiquement pure de « la décence commune » d'Orwell : une pensée droite et juste, impeccable et vraie, qui ne s'embarrasse pas de rhétorique et de ficelles.

Que fait Mélenchon face à la vérité ? D'abord il s'en va, comme un piteux à qui on renvoie une image de lui qui ne convient pas à la haute idée qu'il se fait de lui-même ; puis, vexé, ne voulant pas donner l'impression qu'il a été vaincu par la vérité alors qu'il l'a été, il revient, comme un pochetron déséquilibré par la haine ; il a le regard furieux et le verbe hystérique, il menace ; il tend le doigt en direction de celui qui l'a intellectuellement mis à terre ; alors il attaque, il invective, il insulte, il éructe, il méprise, il vocifère, il hurle, il crie, il braille, il beugle ; il éclabousse de postillons son interlocuteur, qui en époussette sa chemise.

L'homme qui parle *pour le peuple* et lui explique doctement ce qu'il faut faire et penser n'accepte pas qu'un homme *du peuple* lui dise qu'il en a marre de cette classe politique qui a conduit la France dans le mur. Plutôt que de dialoguer, d'échanger, de débattre, d'opposer des arguments aux arguments, Mélenchon se montre à nu et dévoile sa véritable nature paranoïaque : « Tu es mon ennemi, c'est ça, c'est ça que tu veux... » Lui montrer le réel dans sa vérité pitoyable, le mettre devant la misère et le dénuement, c'est être son ennemi ?

Puis il perd toute mesure et, hors de lui, vocifère à deux reprises un : « J'use ma vie à vous défendre ! » Pauvre chéri : deux ans ministre dans un gouvernement socialiste, treize ans conseiller général socialiste de l'Essonne, six ans président socialiste délégué du Conseil général en question, dix-huit ans avec un confortable salaire de sénateur socialiste, sept ans comme député européen avec des rémunérations mirifiques, une belle carrière d'apparatchik au Parti socialiste, puis dans un parti à sa main ! Jamais un seul mandat de maire ou de conseiller municipal, une nette incapacité à décrocher un siège de député quand le PS ne lui réserve pas une circonscription gagnante, Mélenchon « use sa vie »...

Un temps en froid avec le PCF, il s'était tourné pour des raisons d'alliance vers les écologistes. Soutenu par le PCF, comme la corde soutient le pendu, il effectue désormais de nouvelles danses du ventre.

Mais à Périgueux, un prolétaire, un vrai, pas une image pieuse, pas un concept, pas une idée, pas un otage pour sa rhétorique, a permis de voir ce qu'il y avait derrière ce petit théâtre égotiste. Mélenchon aime les insoumis, mais pas en direction de sa petite personne : quand il s'agit de s'adresser à elle, il ne reconnait de Vertu (parlons comme Robespierre...) qu'à la soumission.

49

Le socialiste aime les nègres

La colle et les ciseaux de Benoît Hamon

Samedi 28 janvier

Quand on a un peu de bouteille comme moi, on regarde avec lassitude la liste des meilleures ventes pour y pointer les livres qui n'ont pas été écrits par leurs auteurs – des livres qui, parfois même, ne sont pas lus par ceux qui les signent. En politique, c'est monnaie courante et l'on compte sur les doigts d'une seule main mutilée le nombre de ceux qui sont capables de livrer un manuscrit digne de ce nom à leur éditeur – avant *rewriting*, comme on dit aujourd'hui pudiquement.

J'ai partagé plus d'une fois un plateau dit littéraire avec des bouffons dont l'animateur vantait les bonheurs de plume bien qu'il ait su que c'était au nègre qu'il aurait fallu destiner le compliment – ledit bouffon se poussait du col, gonflait son jabot et remerciait le complimenteur, faussement candide.

J'ai également côtoyé des auteurs dûment convaincus de plagiat, mais qui se trouvaient tout de même invités avec des gens qui avaient écrit leurs livres. Pour s'en tenir au seul monde des idées, les tribunaux ont un jour dit ce qu'il fallait penser de Minc et d'Attali sur ce sujet. Grâce au lièvre levé par Aude Lancelin, les fesses encore rouges de BHL témoignent que Botul fut un *scoop* épistémologique. Ajoutons à cela les pillages effectués par Gilles Bernheim, grand rabbin de France, qui avait signé *Quarante méditations juives* dont toutes n'étaient pas de lui. Ou bien encore, récemment, Étienne Klein, professeur à Centrale, chroniqueur à France Culture, qui a plagié, non pas cité, mais plagié, rien moins que Valéry, Aragon, Cioran, Zola, Zweig, Jakobson, Russell, Bachelard, dans un petit livre sur Einstein…

On a peu dit que Benoît Hamon avait lui aussi été convaincu de plagiat pour un livre intitulé *Tourner la page. Reprenons la marche du progrès social*, paru en 2011 aux Éditions Flammarion. Sur le site buzzfeed.com, Paul Aveline et Vincent Glad rapportent la chose et montrent, photocopies de pages à l'appui, que Benoît Hamon a copié et pillé un article intitulé « Pour le juste échange » de l'ancien député européen socialiste Henri Weber ; qu'il a copié et pillé un article de l'économiste Rémi Bourgeois, « Aux sources du déséquilibre chinois » ; qu'il a copié et pillé un article de la Confédération syndicale internationale ; qu'il a copié et pillé un article du ministère de l'Économie intitulé « La Chine, laboratoire du monde » ; soit un vol de 10000 signes…

Les journalistes auteurs de cet article, « Multiples plagiats dans un livre de Benoît Hamon », ont joint Henri Weber par téléphone. Voici sa réponse : « Je suis pillé massivement. Vous savez, ces petits gars-là, ils font écrire leurs bouquins par des collaborateurs souvent jeunes. Ça ne m'étonne pas beaucoup. Je vois très bien ce qui s'est passé : il a reçu des fiches de ses collaborateurs et ça n'a pas été vérifié. Je n'ai à aucun moment collaboré à ce livre, c'est donc que j'ai été pillé. »

Que risque Benoît Hamon ? D'être élu candidat socialiste aux présidentielles, donc d'inscrire son nom dans le lignage de l'histoire des socialistes français qui commençait avec Jaurès et se poursuivait avec Blum – qui, l'un et l'autre, écrivaient leurs livres. Il y eut ensuite Mitterrand qui, hélas, écrivait les siens en croyant qu'il était Chardonne. Il y eut enfin Hollande qui ne savait pas même ce qu'était un livre – mais qui, bien sûr, en publia lui aussi quelques-uns. Pas sûr qu'il les ait lus. Rappelons pour finir que de Gaulle est en Pléiade – et que Hamon a vendu 1 300 exemplaires de son vrai faux livre.

50

Le roi crétin

Hamon culte

Dimanche 29 janvier

Les socialistes ont donc choisi leur héraut, il s'agira de Benoît Hamon. Pendant que je le regardais à la télévision faire l'éloge de l'union des socialistes, alors que Manuel Valls n'avait pas encore fini son discours, il me faisait penser, avec son front qui lui mange le visage et ses petits cheveux qui essaient d'en grignoter un bout, à Boris Karloff, l'acteur qui joue le monstre dans *Frankenstein*.

L'assiette au beurre a donc éjecté Manuel Valls, l'homme dont je retiens, parmi tant de forfaits, qu'il a dit, lors d'une cérémonie d'hommage aux victimes des attaques terroristes de l'Hyper Casher : « Expliquer, c'est déjà vouloir un peu excuser ! » Ce qui voulait dire que chercher à comprendre, mettre en relation les choses pour les mieux connaître, invoquer des causalités à ce qui advient, ou, disons-le autrement, aborder la question du terrorisme moins avec des bougies ou des peluches qu'avec des idées, c'était se ranger aux côtés des terroristes ! Solliciter les historiens, les diplomates, les islamologues, les psychologues, les géographes, les sociologues, les polémologues, c'était donc donner quitus aux tueurs ? Bien entendu, dans cette configuration, les philosophes étaient à mettre dans le même panier.

Un panier qui est très exactement celui de Benoît Hamon puisque, quand il a pris la parole pour annoncer sa victoire, il a dit : « Je laisse la vérité aux philosophes et aux hommes de foi », avec un petit sourire de mépris et d'assez probables sous-entendus. Sur ce sujet, Valls et Hamon partagent donc un même combat. Il est vrai que ces deux apparatchiks du parti qui ont fait carrière en portant des valises socialistes avant, désormais, de souhaiter qu'on porte les leurs, ne se sont pas trop attardés à l'université où l'un et l'autre ont juste décroché un bac + 3...

Que Valls demande à ce qu'on ne cherche pas à comprendre parce qu'il préfère qu'on lui obéisse et qu'on croie à ses sornettes renseigne sur l'idée que cet homme, par ailleurs franc-maçon, se fait de la République : une caserne dans laquelle le citoyen est un soldat qui obéit aux vociférations du caporal.

Que Hamon fasse son deuil de la vérité et qu'il invite à transformer les philosophes en proies sur lesquelles il faut lâcher les chiens nous en apprend aussi beaucoup sur ce qui se passe derrière le front de taureau de cette créature de Frankenstein du socialisme français.

Quant à fustiger les *hommes de foi*, c'est l'hôpital socialiste qui se fout de la charité, car les chaînes d'information en continu nous ont montré jusqu'à plus soif des militants vociférant ici ou pleurant là, mais tous dans l'état d'esprit d'un sujet qui a renoncé à réfléchir, à penser, à raisonner, à solliciter un peu des Lumières qu'offre la philosophie, cette discipline que l'un et l'autre semblent tenir pour méprisable.

Je comprends que Benoît Hamon ait attendu les résultats de cette primaire en regardant la télévision plutôt qu'en lisant un livre de Bourdieu. Rêvons un peu, car il nous y invite, il aurait pu aussi en profiter pour lire le livre de lui qu'il n'a pas lu puisqu'il ne l'a pas même écrit.

51

Deux gauches qui en font cinq

Hamon, Mélenchon, Valls sur la photo rocardienne

Lundi 30 janvier

L'assiette au beurre des primaires a violemment sorti les sortants pour s'empresser de nommer à leur place ceux qui portaient leurs valises – tu parles d'une révolution... L'ancien chef de l'État Sarkozy ? Sorti. L'ancien Premier ministre de Chirac, Juppé ? Sorti. Qui à la place ? Fillon, autrement dit : l'ancien ministre du premier et l'ancien Premier ministre du second. Le changement, c'est demain.

À gauche, même résultat. Hollande s'est autosorti – on n'est jamais mieux servi que par soi-même. Le président de la République hors course, il restait son Premier ministre, Manuel Valls. Mais l'assiette a parlé : sorti lui aussi. Au profit d'un homme neuf ? Que nenni, une photo de Benoît Hamon en vieux jeune homme au milieu de socialistes rocardiens a beaucoup circulé sur le Net : elle date de 1993 et on y voit, sans un poil de graisse et avec un peu plus de cheveux, Jean-Christophe Cambadélis, aujourd'hui patron du PS ; Claude Bartolone, déjà avec l'âge qu'il a un quart de siècle plus tard, aujourd'hui président de l'Assemblée nationale ; Manuel Valls, déjà le menton en avant pour défier – probablement le photographe ; Benoît Hamon, déjà un peu Frankenstein, mais avec des cheveux en brosse ; Pierre Moscovici, déjà chauve et déjà giscardien de gauche ; et l'inénarrable candidat antisystème Jean-Luc Mélenchon, gentil joufflu avec une chemise rose afin de témoigner aux yeux de ses compagnons de sa conscience professionnelle ; Jean Glavany, qui, les yeux fermés, tient la position du schtroumpf dormeur, il en faut toujours un ; Rocard est là, au milieu de cette jeune garde, il est silencieux, mais on l'entend verbigérer quand même. Tous portent une cravate, sauf Benoît Hamon, ce qui prouve bien qu'il est rebelle depuis longtemps.

Cette brochette a fait carrière ; elle est donc intégralement comptable de l'état de la France aujourd'hui. Voilà des gens qui, depuis un quart de siècle, ont été de tous les gouvernements de gauche et de tous les postes d'importance ou d'influence dans la gestion du pays. Sur cette photo, tous ont voté en faveur du traité de Maastricht, autrement dit, tous ont bradé la souveraineté du pays, ils ont renoncé à la politique en estimant que, désormais, l'économie libérale en tiendrait lieu et serait son horizon indépassable.

Trois rocardiens qui figurent sur cette photo ont animé les primaires : Valls est tombé, Hamon porte les couleurs du PS et Mélenchon vocifère inlassablement contre le système qu'il a contribué à mettre en place pendant la majeure partie de son existence – il s'y est usé, comme il dit en postillonnant sur un prolétaire, un vrai, pas l'une de ses figures de rhétorique, qui l'interpelle dans la rue.

Les deux gauches irréconciliables théorisées par Valls sont en fait désormais cinq : celle de l'extrême gauche de Poutou et Arthaud ; celle de la gauche robespierriste de Mélenchon ; celle de la gauche socialiste officielle de Hamon ; celle de la gauche libérale de Valls ; celle de la gauche de droite de Macron. Valls est éjecté de la course, mais il en reste cinq en lice. Macron n'était pas sur la photo, il était à peine né en 1993. Poutou et Arthaud n'y sont pas non plus, parce qu'ils incarnent une gauche pure – la fameuse qui a les mains propres parce qu'elle n'a pas de mains. Les autres ont les mains sales et risquent de se les salir plus encore – pour le bien de la République, bien sûr.

52

Penelope n'est pas tangible

Fillon béhachélise

Mercredi 1er février

Il y a certainement plusieurs milliers d'avocats inscrits au barreau de Paris, mais, pour se défendre, François Fillon est allé chercher le fils de Bernard-Henri Lévy, Antonin. Dont acte.

Jour après jour, le futur casier judiciaire de l'ex-Premier ministre et de l'assez probable futur ex-candidat aux présidentielles s'allonge – comme son nez. Récapituler s'avère une tâche difficile tant chaque jour apporte son nouveau paquet breneux. Essayons tout de même.

François Fillon aurait versé un salaire mirifique d'attachée parlementaire à sa femme pendant des années alors qu'il n'existerait pas de contrats de travail ou que, information du jour, Mme Fillon ne se souviendrait pas de les avoir signés. Par ailleurs, les enquêteurs n'auraient trouvé aucune adresse mail dédiée à cette fausse activité vraiment rémunérée. Enfin, personne n'aurait jamais vu l'épouse dans ce rôle. Ajoutons à cela que le peu qu'elle ait publiquement dit a toujours consisté à se dissocier de la vie politique de son mari : elle revendiquait la seule et unique activité de mère au foyer. Total : 831 440 euros.

François Fillon aurait également versé des sommes considérables à deux de ses enfants pour des travaux effectués en tant que juristes et, une fois de plus, sous la rubrique d'assistants parlementaires. Le hic est qu'à cette époque, ils ont des problèmes d'acné juvénile et que, vu leur jeune âge, l'un et l'autre sont bien loin d'être inscrits au barreau. Total : 83 000 euros.

François Fillon a pour bon ami Marc Ladreit de Lacharrière, qui a employé Penelope à la *Revue des deux mondes*, qu'il possède entre autres choses rentables. Elle y aurait travaillé vingt mois payés chacun 5 000 euros. Mais il n'y aurait aucun compte rendu signé de son nom. Juste deux articulets insignifiants, mais sous pseudonyme. Cacherait-il vraiment son nom ? Et pour quels bénéfices ces largesses ? Total : 100 000 euros.

François Fillon aurait profité d'un système de reversement d'argent sous forme de crédits réservés à la rémunération des assistants grâce à un dispositif de commissions occultes magouillé par des sénateurs. Total : 21 000 euros.

François Fillon aurait une société de conseil dans on ne sait trop quoi, mais probablement en choses majeures, puisqu'il serait très grassement rémunéré comme unique actionnaire de cette société. En un an, la société 2F aurait dégagé un chiffre d'affaires cumulé supérieur à 1 million d'euros. Chers conseils. À qui ? Pour quels bénéfices une fois encore ? Total : 757 526 euros.

Que dit la défense sur ces presque 2 millions d'euros indûment perçus ? Éduqué par son père à la rigueur intellectuelle, dressé par le même à la probité, perfusé à la sagacité paternelle, l'Antonin a eu cette saillie digne d'entrer dans le livre des records du paralogisme : « Le travail de collaborateur parlementaire, c'est pas de fournir des notes à son député, c'est pas de lui envoyer des mémos, c'est pas de lui faire des documents de synthèse [*MO : on aurait pu croire, en effet...*], c'est parfois quelque chose de moins tangible [*sic*], de moins matériel [*sic*] mais qui pour autant est tout aussi réel quand on regarde les choses après coup. » (BFM TV, 31 janvier.)

En effet, quand on regarde les choses après coup, le travail non fait présenté comme un travail intangible, c'est imparable ! On ne peut pas dire que le réel a eu lieu puisque le réel n'est pas tangible... C'est une manie dans la famille d'avoir des problèmes avec le tangible et de croire les fictions plus vraies que la vérité bêtement vraie. Antonin a trop lu Botul.

53

Au revoir, au revoir, président...

Hollande privatise l'Élysée

Jeudi 2 février

Décidément, jusque dans ses derniers jours, François Hollande prouve qu'il n'a rien compris à la fonction présidentielle et aux devoirs qu'elle impose sur le terrain symbolique. Il est vrai que le symbolique est un monde supérieur au monde profane et que, pour qui claudique déjà dans un registre inférieur, il ne saurait être question de marcher droit dans les allées d'un édifice symbolique.

Car, à la minute où il devient chef de l'État élu, un président de la République cesse d'être un chef de clan, un mafieux qui dirige sa bande. Il incarne la souveraineté nationale et non une clique ; il porte plus que lui : la nation ; il va au-delà de sa propre petite personne et acquiert un second corps – les fameux deux corps du roi si bien mis en lumière par Kantorowicz. Un corps qui ne se perd jamais et qui dure toujours, du simple fait qu'il ait été un jour.

Dans sa désormais très célèbre anaphore, François Hollande avait commencé son laïus appris par cœur avec cette promesse : « Moi président de la République, je ne serai pas le chef de la majorité, je ne recevrai pas les parlementaires de la majorité à l'Élysée. »

Que fait-il alors, lui président, quand il reçoit le chef de bande socialiste Benoît Hamon rue du Faubourg-Saint-Honoré ? Le chef de l'État aura du mal à nous convaincre qu'il reçoit tous les candidats aux présidentielles tant qu'il n'aura pas ouvert les portes de l'Élysée à Emmanuel Macron ou Jean-Luc Mélenchon, sinon à Philippe Poutou ou Nathalie Arthaud – pour en rester à la gauche… Je ne parle pas même de recevoir Nicolas Dupont-Aignan ou Marine Le Pen, qui sont pourtant à égalité ontologique avec Hamon.

Dans *Un président ne devrait pas dire ça*, François Hollande avait dit, extralucide comme d'habitude : « Mais aujourd'hui, Hamon, il abandonne le PS, il est quoi ? Pas grand-chose. » Voilà désormais « pas grand-chose » premier en lieu et place de ce qu'il fut en son temps : un candidat socialiste désigné par les primaires pour porter à sa place les couleurs de la gauche de gouvernement !

À trois reprises, Hollande a pourtant bien pris soin de faire savoir qu'il ne se souciait pas des débats des primaires de la Belle Alliance populaire – l'expression me fait rire à chaque fois… Une fois en assistant au spectacle de Michel Drucker, une autre en posant dans le paysage dévasté d'un désert chilien, une troisième en montrant sa frimousse teinte dans les gradins d'une salle de sport.

Pendant ce temps, à la manœuvre pour faciliter la vie de Brutus Ier au Liban, trop content que

Brutus II ait mangé la poussière en finale de la primaire, le président de tous les Français reçoit, comme jadis il accueillit Joey Starr, le candidat d'une petite partie des Français – qu'on se souvienne du bourrage d'urne pour laisser croire à une forte participation, donc à une forte légitimité.

Il est temps que ce président qui n'a rien compris à rien et qui, fidèle en cela à ce que Giscard avait inauguré, et Sarkozy porté à son paroxysme, du moins le croyait-on, pratique le culte de sa propre personne comme si elle était une personne royale du simple fait qu'elle existe, il est temps, donc, qu'il s'en aille.

Mais qu'on ne se réjouisse pas trop vite. Un tout aussi profane que lui le remplacera qui s'enivrera pareillement de son corps médiatique en croyant que cet avatar le dispense d'avoir une âme, un esprit, un souffle – une intelligence.

54

La Saint-Uber

La messe à Macron

Samedi 4 février

L'équipe de Macron a scénarisé une grand-messe cathodique lyonnaise à destination des médias : elle fournit les images et prend soin de montrer ce qu'elle veut qu'on voie – du monde, de l'enthousiasme, de la ferveur, des cris, des slogans, des jeunes, des drapeaux, des pancartes, des tee-shirts siglés. Des idées ? Aucune, juste ce robinet d'eau tiède du politiquement correct tellement jubilatoire pour le système que France Inter lui a offert deux heures un matin sur le service public.

Les choses sont simples : le télévangéliste qui n'est ni de droite ni de gauche profère sentencieusement un bout de phrase ; il est coupé par un aboyeur dans la salle qui crie « Ouais… » ; le public, qui est derrière lui, c'est le fond de scène du spectacle, démultiplie le « Ouais… » ; la salle reprend ; il ajoute une demi-phrase, et ça recommence ; il continue, et ça se poursuit ; il enchaîne, et ça se répète ; les slogans se suivent et se ressemblent : « Macron président », « On va gagner », « L'Europe, l'Europe », « Je marche » ; une corne de brume ponctue ici ou là, « Pouet, pouet, pouettte » ; de temps en temps, les aboyeurs sont soutenus par des chauffeurs de salle ; parfois les figurants de l'arrière se lèvent, puis ils se rassoient ; toujours ils agitent drapeaux français et drapeaux européens ; des plans sont faits sur des pancartes : « Liberté », ça ne mange pas de pain, « Égalité », qui est contre ? « Fraternité », qui n'en voudrait point ?

La pensée Macron, c'est quoi ? Il est pour la liberté, l'égalité, la fraternité – mais quel insensé aurait pour programme la servitude, l'inégalité et la haine ? « Ouais », crie l'aboyeur ; il est pour le travail, l'espoir, l'avenir, la dignité – mais quel crétin gagnerait les élections en promettant le chômage, le désespoir, le passé et l'indignité ? « Macron président », beugle la salle ; il est pour la laïcité, la liberté de conscience et le port du voile – mais quel imbécile avancerait avec pour programme la théocratie, le cléricalisme et l'interdiction de la liberté de conscience : « Pouet, pouet, pouette... », dit la corne de brume ; il est pour la culture et, au passage, affirme bêtement : « Il n'y a pas de culture française » avant d'affirmer dans la foulée qu'il se battra pour que les étrangers venus en France puissent accéder librement à... la culture française – mais qui pourrait décréter qu'il serait contre la culture ? « On va gagner », meugle le public. Il est pour l'écologie, contre le réchauffement de la planète, contre les perturbateurs endocriniens, contre la pollution – mais quel hurluberlu proposerait d'appuyer sur le champignon des vieux véhicules diesel, d'avaler des produits chimiques à la petite cuillère, d'envoyer nos eaux usées directement à la rivière ? « Je marche », dit un assis avec sa pancarte. Il est contre la corruption et les affaires et calme la salle qui commence à huer (c'est probablement écrit sur son prompteur : « Ne sifflez pas... ») en l'invitant à ne pas fustiger celui qu'il fustige ensuite pendant dix minutes – mais quel olibrius vanterait les mérites de la corruption et de la malhonnêteté ? « On va gagner », chantent les pèlerins en chœur.

Tout cela est bel et bon : il aime le marché et l'Europe, il n'aime pas le Front national et la famille Le Pen, il fait du métier de notaire un *must* pour les enfants de pauvres (il faut oser...), il estime que le Code du travail est un boulet et qu'il faut l'alléger : cette messe, c'est celle de la Saint-Uber qui veut tout ubériser, autrement dit lâcher le travailleur libre dans le poulailler du capital...

Macron est le candidat du système, l'homme qui, comme dans *Le Guépard*, pourrait avoir pour slogan de campagne : « Il faut que tout change pour que rien ne change. » Avec un pareil non-programme, et l'on comprend pourquoi il plaît tant aux journalistes, il a toutes les chances de gagner.

55

Fume, c'est du socialiste

Hamon niaque

Dimanche 5 février

Discours d'investiture de Benoît Hamon à la Mutualité. Incontestablement, Hamon est bon : au contraire de Macron qui, avec quatre mots par minute et des blancs comme chez Debussy, anone le discours de son prompteur comme s'il s'adressait à des demeurés ; aux antipodes de Mélenchon qui a acheté sa chemise militaire kaki à Fidel Castro (ou à Staline, le Djougachvili avait la même...) et croit faire moderne en exhibant sa schizophrénie sous forme d'hologramme tout en faisant ancien en éructant un discours du XIXe siècle ; au contraire de Marine Le Pen qui déclame du De Gaulle comme si elle était Malraux mais qui laisse la salle vociférer des « On est chez nous » comme dans les manifestations de ligueurs d'extrême droite des années trente ; au contraire de Fillon devenu un piège à cons.

Au contraire de ces gens-là, donc, Benoît Hamon a des notes mais il ne les lit pas comme s'il était dans un cours de récitation au CM2 (ou comme s'il faisait du théâtre amateur avec sa prof de français...), il improvise et paraît vivant ; il déborde et fait trop long, mais il captive l'attention ; il s'éponge le front avec ses doigts, enlève sa sueur sous le nez comme s'il se mouchait avec sa main, mais il prouve que son staff n'avait pas prévu la ventilation ; il fournit les images et la liaison est mauvaise, très mauvaise, elle coupe régulièrement, mais il prouve ainsi que les grands moyens ne sont pas derrière lui.

Mais il a la niaque, ça se voit et son discours réveille les morts socialistes qui font semblant d'être heureux au premier rang – Peillon sourit faussement, mais tout est faux chez lui ; Montebourg laisse croire qu'il est le ravi de la crèche, mais on l'a connu plus détendu ; Filipetti a la mâchoire serrée sur un rictus qu'elle voudrait présenter comme un sourire, mais on voit bien qu'elle a les mandibules faites pour manger du gibier ; pas maquillée, filmée en contre-plongée, Najat Vallaud-Belkacem est aussi vraie et vivante que sa statue au musée Grévin.

Sophiste comme un apparatchik qu'il est, Benoît Hamon annonce la famille réunie – il manque Valls, il manque Ségolène Royal, il manque Rugy, il manque Pinel, il manque Bennahmias, il manque Martine Aubry, il manque Cazeneuve ; il aurait pu y avoir Lionel Jospin ou Jack Lang, Laurent Fabius ou Hubert Védrine, mais non. Il n'y a pas non plus Jacques Attali, Alain Minc, Pierre Bergé, Jacques Séguéla, Bernard Kouchner, Éric Orsenna, grands socialistes comme chacun sait, car ils sont déjà chez Macron – en attendant probablement le ralliement de BHL...

Hamon a récité la copie socialiste parfaite : il est contre la misère et la pauvreté – moi aussi ; il est pour la liberté, pour l'égalité, pour la fraternité – moi aussi ; il est pour la laïcité, pour la liberté de conscience – moi aussi ; il est pour la paix – moi aussi ; il est pour la Sécurité sociale – moi aussi ; il est pour économiser la planète – moi aussi ; il est pour la lutte contre le terrorisme – moi aussi. Qui pourrait être contre ? Même Marine Le Pen est pour, et ça n'en fait pas une socialiste pour autant. On a vu comment au pouvoir les socialistes se sont arrangés de toutes ces choses-là.

S'épongeant le front qui perle, Benoît Hamon écarte le mythe de l'homme providentiel, il file la métaphore et récuse le candidat à testostérone – « sévèrement burné », comme disait jadis Bernard Tapie, compagnon de route de Christiane Taubira qui boit du petit lait dans la salle qu'elle a contribué à chauffer tant fusent les compliments hamoniques.

Dès lors, il parle en père de famille qui a des enfants à l'école et à qui on interdit de courir dans la cour sous peine d'ingérer les fameuses particules fines, car il est contre la pollution – moi aussi ; il est aussi contre le bisphénol et les perturbateurs endocriniens – moi aussi ; il parle des épidémies de cancer, il a raison, il est contre – moi aussi. Il fustige les addictions qui les rendent possibles et, sans note, il débite une liste : les produits toxiques, le fameux bisphénol donc, l'alcool, le tabac, les conservateurs alimentaires, et puis, dans la foulée, il ajoute : « le cannabis »...

La machine socialiste est allée un peu vite... Il se souvient qu'il est pour sa libre commercialisation ! Voilà pourquoi dans la foulée, sans vergogne, il dit qu'il est pour la légalisation quand même – et qu'il y reviendra d'ici la fin de son discours. De cannabis, il n'en fut plus question. Hamon avait proposé de raser gratis, et il a soudain vu qu'on pouvait voir qu'il n'avait ni blaireau, ni mousse à raser, ni rasoir, ni cuir pour en redresser le fil.

Car toutes ses belles promesses sont irréalisables tant que la France restera dans l'Europe libérale sous la dictature des marchés. Or, il est pour cette Europe – pas moi. Tout avait pourtant bien commencé ; je comprends que certains aient pu y croire, y croient encore et y croiront jusqu'au bout. Mais, bon… Fume et enfume, c'est du socialiste…

56

À l'insu de son plein gré

Fillon n'a rien fait mais s'en excuse

Lundi 6 février

« Je ne suis coupable de rien, mais je vous présente mes excuses » : voilà, en substance, la mécanique sophistique présentée par son cabinet de crise et portée par François Fillon pour se défendre d'accusations accablantes sur ce qui, sans trop de doutes, semble chez lui un très ancien mode de vie construit sur la captation de très grosses sommes à des fins privées sous prétexte de travail. En fait, des emplois présumés fictifs à la pelle : femme, fils, fille – peut-être même, si l'on cherche un peu, trouverait-on dans son château sarthois un chien ou un poisson rouge chargés de mission…

Car, de ce qui fâche vraiment, il ne fut jamais question : sa femme a bien pu dire qu'elle n'a jamais été son assistante, Fillon dit qu'elle l'a été. Plus fort : il ajoute que ce qu'elle a dit n'a pas été dit et qu'il fallait comprendre qu'elle disait l'inverse – elle a bel et bien été son assistante. Ceux qui affirment le contraire en arguant qu'ils ont bien entendu ce qui a été dit sont victimes d'une citation tronquée et sortie de son contexte. Qu'une phrase qui dit : « Je n'ai jamais été son assistante » puisse, dans un autre contexte, signifier : « J'ai toujours été son assistante » est un sommet de sophisterie !

On aura du mal à prouver que Penelope n'a pas prêté sa langue pour lécher trois timbres ; c'est bien la preuve qu'elle les aura léchés ; elle a donc bien travaillé. CQFD ! Syllogisme catholique et gaulliste probablement. Son avocat, l'Antonin fils de BHL, l'avait précédé dans ce chemin rhétorique bien sinueux.

Cette confession de fautes qui n'ont pas été commises se double d'un silence bien lourd sur la collaboration si grassement rémunérée à la *Revue des deux mondes*, dont le titre n'aura pas même été cité par Fillon, et on le comprend, mais également par aucun des journalistes dans la salle ! L'un d'entre eux aurait pu aborder ce sujet au lieu de lui demander s'il avait l'intention de rembourser les sommes perçues, une question posée cinq minutes plus tôt et qui avait déjà reçu sa réponse !

De même, la dame de *Mediapart* contre laquelle Fillon a lancé le scud armé par son cabinet de communication de crise (je n'ai pas été, moi, sous-entendu comme vous, victime d'un redressement judiciaire…) aurait pu le questionner sur ce système, lui aussi voyou, qui a permis, en spoliant les attachés parlementaires (un comble…), à Fillon et quelques autres, de palper quelques autres gros billets à ajouter à sa cassette déjà débordante.

A-t-il rémunéré ses enfants pour des conseils juridiques bien qu'à cette époque sa progéniture fût encore étudiante ? Il s'est trompé sur les dates, car il a cru *Le Canard enchaîné* sur celles-ci ! Fillon se réfère à un journal qui, si on l'en croit, ment ? Est-ce le fruit du syndrome de Stockholm ou juste le temps de demander au cabinet de crise un élément de langage pour se sortir de cette ixième contre-vérité ?

Commentant Fillon dans cette performance d'un cabinet habilité à transformer les voyous en saints, les journalistes l'ont trouvé combatif, convaincant, performant, en gros viril et tatoué. Les médias l'ont remis en selle. Qu'en penseront les électeurs ? Pas sûr qu'ils se fassent prendre à ce jeu de bonneteau médiatique...

57

Les gars de la marine

Marine Le Pen mithridatisée

Samedi 11 février

Quand j'étais petit garçon, on me racontait cette histoire du berger dans son refuge qui criait au loup alors qu'il n'y avait pas de loup : ses amis grimpaient de la vallée, arrivaient dans sa cahute pour le sauver et se faisaient rire au nez par le berger bien content de sa plaisanterie. Un jour, le loup surgit ; le berger appela ; ses amis ne vinrent pas ; il fut dévoré. C'était une bonne façon de m'apprendre une leçon dont je découvris plus tard la formule chez Nietzsche : « Ce qui me gêne, ça n'est pas que tu m'aies menti, c'est que désormais je ne pourrai plus te croire. »

Voilà, nous y sommes : depuis des années, toute la presse comme un seul homme accable les Le Pen dans tout ce qu'ils disent et tout ce qu'ils taisent, dans tout ce qu'ils font et tout ce qu'ils ne font pas, dans tout ce qu'ils sont et dans tout ce qu'ils ne sont pas. Disent-ils que Noël est en décembre qu'on crie à la machination vichyste, au prurit fasciste, aux remugles nauséabonds des heures les plus sombres de la France... Dès lors, comment la nécessaire critique juste et fondée peut-elle être encore entendue à leur endroit ?

Comme avec François Fillon, la presse nous apprend que l'argent du contribuable versé à Marine Le Pen pour son assistance parlementaire à Bruxelles servirait à tout autre chose qu'à ce à quoi la somme est destinée : son garde du corps serait ainsi payé comme un banquier haut de gamme pendant qu'une militante serait tout aussi grassement rétribuée pour diriger son cabinet au FN à Paris... Chez Fillon, il semble que l'argent donné l'ait été pour un travail non fait ; chez Le Pen, il le serait pour un travail fait ailleurs, hors contrat, mais au bénéfice du payeur filou et voyou.

Le Parlement européen demande à Marine Le Pen qu'elle rembourse 300000 euros ; elle refuse. Elle affirme publiquement que si elle était mise en examen, au contraire de Fillon qui avait dit que ce serait pour lui ce qui lui ferait jeter l'éponge, elle resterait dans la course des présidentielles. Plaidoyer *pro domo*, on sent bien qu'elle sait la chose pouvoir lui arriver...

Quel effet cette révélation a-t-elle sur Marine Le Pen ? Aucun. Est-elle invitée à la télévision dans une émission politique de grande écoute à clarifier sa position sur le sujet ? Elle répond à côté de la plaque, les journalistes se font rouler dans la farine, elle passe à un autre sujet, elle attaque Fillon, et l'affaire est dans le sac.

Quel effet cette révélation a-t-elle sur ses électeurs ? L'effet inverse. Plutôt que de l'abattre, elle, l'électeur, le sympathisant, le militant accablent la presse, chargent les journalistes, stigmatisent le système, invoquent les autres qui font la même chose (comme si c'était un argument !) et, triste effet d'inversion des valeurs, la renforcent dans sa légitimité : elle paraît bien la seule candidate antisystème malgré sept présidentielles avec un candidat Le Pen...

Empoisonner la vie de Marine Le Pen depuis des années l'a mithridatisée. On se souvient que, de peur d'être un jour empoisonné, le roi Mithridate prenait chaque jour une infime quantité de poison qu'il augmentait chaque jour jusqu'à en supporter des doses qui s'avéraient létales pour les autres. La haine indistinctement et constamment destinée à Marine Le Pen à longueur de média pendant des lustres l'a immunisée. Dès lors, les vérités qui devraient l'accabler aujourd'hui la subliment.

Cette aura vénéneuse est un outil terrible : elle confère définitivement l'impunité au coupable, elle lui donne une extraterritorialité ontologique, éthique et morale, elle transforme le bourreau en victime, le braqueur en spolié, l'agresseur en agressé. À partir de ce moment, les loups peuvent entrer dans Paris...

58

Le gourou de secours

Macron en sainte

Dimanche 12 février

Sans rire, Brigitte Trogneux, épouse Macron, affirme à un ami qui s'empresse de le rapporter à *Paris-Match* : « Il faut que tu m'aides à le calmer. Tu sais, ce n'est pas marrant de vivre avec Jeanne d'Arc. » On la comprend : partager la vie d'une sainte n'est pas de tout repos pour une femme plus proche de mon âge que de celui de son époux céleste.

Depuis qu'il est allé à Orléans saluer la sainte en personne, il semble que, comme Jean-Marie Le Pen, il revendique la filiation de cette femme bien connue pour avoir eu des voix – tout un programme pour un homme qui cherche à en obtenir le plus possible.

Mais le summum semble atteint avec une confession faite au *Journal du dimanche* dans lequel il affirme que « c'est une erreur de penser que le programme est le cœur » d'une campagne électorale, sous prétexte que « la politique, c'est mystique » ! À ce point de vide sidéral étendu à toute sa personne, il ne manque plus que l'apparition, la lévitation et l'assomption.

« La politique, c'est un style », dit-il. Il ubérise ainsi, aussi, la politique : pas besoin d'un programme, pas besoin d'un projet, pas besoin d'une vision, pas besoin d'une proposition, pas besoin d'un plan, pas besoin d'un but, l'auteur sans vergogne d'un livre intitulé *Révolution* (oui, oui...) estime que sa personne, c'est son programme, que lui, ça suffit.

Macron dit aussi de la politique : « C'est une magie [*sic*]. Il faut définir le cœur de ce qu'on veut porter. » Pour quelqu'un qui a fait des études de philosophie et qui a fréquenté Paul Ricœur, l'auteur d'*Histoire et Vérité*, il ne saurait y avoir erreur sur le choix des mots : revendiquer la magie, c'est en appeler à l'illusion, au faux-semblant, à l'apparence plus vraie que la réalité, à la simulation, c'est revendiquer la prestidigitation qui fait apparaître ce qui n'existe pas et fait disparaître ce qui existe, c'est avouer que le réel importe moins que ce que croient les autres quand on l'a escamoté. C'est, pour tout dire, faire prendre des vessies pour des lanternes.

De la mystique en lieu et place du programme, de la magie au lieu des projets, du style en guise de plan, du Moi pour tout horizon, voilà en effet qui augure mal de la suite...

Macron semble débordé par ce qui lui arrive. Il ne serait pas le premier à exploser en plein vol pendant une course à l'Élysée sous la pression et à dire ou faire n'importe quoi parce que sa colonne vertébrale (en a-t-il d'ailleurs jamais eu une ?) se serait brisée sous la charge terrible de la poussée médiatique.

Si, à défaut de programme, il veut être jugé sur le style, alors il le sera. Mais son style est sans grandeur et sans panache, sans force et sans puissance, sans hauteur et sans vision. À vouloir jouer dans la cour de Jeanne d'Arc, il se retrouvera assesseur du procès, sous Cauchon lui-même.

Macron est une grenouille qui veut se faire aussi grosse que le bœuf ; on connaît l'histoire : à la fin, le batracien explose. La fin est prévue, il manque juste l'heure : avant ou après les présidentielles ?

59

La pêche miraculeuse

Macron, un crime contre l'intelligence

Jeudi 16 février

Emmanuel Macron se fait fort d'avancer sans programme politique, mais il n'avance pas sans programme politicard ! Il lance son filet dans les eaux troubles une fois à gauche, une fois à droite, une fois ailleurs, il remonte le tout et ramasse tout ce qui grouille, puis il compte sa pêche : une vieille godasse, un maquereau fatigué, une boîte de conserve, une raie pas fraîche, un cadre de vélo, une morue hors d'âge. Il a déjà remonté Attali, Minc et Bergé parmi d'autres gros poissons pas frais.

Dire qu'il n'est ni de droite ni de gauche, mais de droite et de gauche, n'abuse que les gogos : il est tout ce que l'on voudra, pourvu que les ablettes mordent. Pour l'instant, ça mord, d'autant que la nasse Fillon s'est entrouverte et qu'une partie de la friture s'en est allée vers lui.

Dans *Le Point*, on avait connu Macron disant de la colonisation qu'elle comportait « des éléments de civilisation » ; on le découvre aujourd'hui sur une chaîne de télévision algérienne faisant de cette même colonisation « un crime contre l'humanité ». Faudrait savoir !

L'homme qui laisse dire qu'il a été l'assistant de Paul Ricœur (quand son rôle n'a semble-t-il été que de corriger quelques-unes de ses fautes de frappe…) devra se contorsionner puissamment pour montrer qu'un crime contre l'humanité fait partie des éléments de civilisation ! Comme si le premier n'abolissait pas les seconds. Les nostalgiques du IIIe Reich disposent désormais d'une jurisprudence !

Cet homme a des imprudences intellectuelles dangereuses. On comprend qu'il puisse affirmer qu'« il n'y a pas de culture française » ! Pour en rester à la philosophie, pareille sottise lui permet d'éviter : de s'affranchir des modes intellectuelles comme le fit Montaigne en son temps ; de construire une pensée selon la méthode et les principes de Descartes ; de passer par pertes et profits le nécessaire équilibre entre l'esprit de géométrie et l'esprit de finesse de Pascal ; de faire comme si la philosophie des Lumières de Voltaire ou de Montesquieu, de Diderot et d'Alembert, d'Helvétius ou de La Mettrie n'avait jamais eu lieu ; d'ignorer la liberté d'esprit d'Alain le libertaire ou de faire fi de la droiture intellectuelle radicale d'un Albert Camus.

Camus, justement : il aurait pu le prendre comme modèle dans son voyage de VRP présidentiel en Algérie – un autre voyage d'ailleurs mitonné aux petits oignons par l'Élysée, comme au Liban… Une telle option aurait eu de la gueule et lui aurait permis de montrer qu'il avait un caractère, un tempérament, une rectitude, une verticalité, pour tout dire : une colonne vertébrale. À défaut de rencontrer la grande Histoire en face, il aurait pu se contenter de rencontrer un peu de l'histoire de la philosophie. Ça aurait été un début. Il se prend pour Jeanne d'Arc, nous dit sa femme ; il n'est que la doublure de Jacquouille la Fripouille.

Lui qui conchie les programmes politiques au profit du « style » et de la « mystique », il n'a montré ni l'un ni l'autre. Au contraire. En voulant séduire l'électorat français issu du Maghreb en général et de l'Algérie en particulier, et ce, au mépris de l'histoire et au risque de banaliser le crime contre l'humanité, donc d'en rendre le concept intellectuellement donc politiquement inopérant, il a montré son avachissement et sa soumission, qui sont le contraire du style, puis son goût pour la boue de la souille, qui est le contraire de la mystique.

Emmanuel Macron a traversé la Méditerranée en avion de première classe pour aller à la pêche aux voix ; pendant ce temps, d'autres la traversaient dans l'autre sens sur des radeaux de fortune en risquant leur vie. Que n'a-t-il à nous dire quelque chose, enfin, sur ce sujet qui relève et dépend du programme ?

60

Le prie-Dieu républicain

Saint Macron, comédien et martyr

Samedi 18 février

J'imaginais Macron plus intelligent que ça, plus fin, plus subtil. Après avoir dragué l'électeur maghrébin en Algérie, puis compris en regardant la revue de presse et les sondages qu'il avait plus perdu que gagné avec sa sortie sur le colonialisme comme crime contre l'humanité, le voilà qui décide, après avoir invoqué les haruspices de sa cellule de communication et constaté que le solde était défavorable, de se confesser devant les médias.

La contrition a ceci d'embêtant qu'elle prouve clairement qu'on a fauté ! Voilà pourquoi Fillon, qui l'a bien compris, ne regrette rien alors qu'il a sur les mains, dans le nez, autour de la bouche, collante à ses cheveux et jusqu'au bord des yeux, la confiture qu'il dit n'avoir jamais mangée : il croit, le simplet, que ne pas avouer prouve qu'on n'a rien fait ! Selon lui, le monde entier se trompe en disant la vérité, mais lui la dit en persistant dans le mensonge : il entre ainsi dans une spirale autiste et paranoïaque. S'il est élu président, il faudra composer avec un fou. Mais ce ne sera pas la première fois.

Macron, lui, s'agenouille ; il regarde où est la caméra ; il choisit son meilleur profil ; il a son plus beau costume ; il a noué sa meilleure cravate ; il s'installe sur le prie-Dieu républicain correctement éclairé ; puis il débite son acte de contrition avec une syntaxe aussi chaotique que lui : « Ma responsabilité, c'est qu'ensemble, nous soyons vraiment [?] Français, il faut casser ces blocages, donc je le dis, à chacune et à chacun dans vos [*sic*] histoires, dans vos [*sic*] traumatismes, parce que je vous aime [!], la République doit aimer chacun » – doit-elle aussi aimer les assassins de *Charlie* ? Ce serait un scoop...

Est-ce être *de droite et de gauche* que d'aimer en même temps Robespierre et Joseph de Maistre, Maurras et Léon Blum, Pétain et de Gaulle, Jean Moulin et Brasillach, le général Bugeaud et Maurice Audin, les frères Kouachi et les dessinateurs de *Charlie Hebdo*, et pourquoi pas, aujourd'hui, Marine Le Pen et Jean-Luc Mélenchon ?

Est-ce être *de droite et de gauche*, ou est-ce être tout simplement schizophrène ? Sinon, hors pathologie, n'être rien de moins qu'un racoleur cynique, un politicard haut de gamme, un communicant qui prend les gens pour des imbéciles en imaginant qu'ils n'auront rien compris à ce qui aura été vraiment dit dans ces volte-face...

Depuis quinze jours, Macron baisse dans les sondages – tous les candidats disent mépriser les sondages, mais tous gouvernent avec cette seule boussole. Au bout du compte, les gens votent vraiment, mais, parfois, étourdis par les trajets zigzagants des candidats qui parlent d'une certaine manière pour accrocher un électorat puis d'une autre, parfois contradictoire, pour séduire celui d'en face, ils sanctionnent dans l'urne celui qui aura été le plus girouette – donc celui qui aura le plus écouté les sondages.

Macron a perdu le segment LGBT avec sa sortie sur les manifestants contre le mariage pour tous. À *L'Obs,* il dit : « L'une des erreurs fondamentales de ce quinquennat a été d'ignorer une partie du pays qui a de bonnes raisons de vivre dans le ressentiment et les passions tristes. C'est ce qui s'est passé avec le mariage pour tous, où on a humilié cette France-là. » Devant le tollé provoqué et la baisse induite dans les sondages, il s'empresse d'ajouter le lendemain : « Sur le fond, la communauté LGBT sait mon profond attachement au progrès de ses droits et trouvera toujours en moi un défenseur. »

Gageons que le prie-Dieu va servir bientôt à nouveau, et de plus en plus, jusqu'à ce qu'il craque. Les Français sont de moins en moins dupes : plus Macron cherche à séduire, plus on voit qu'il n'est qu'un beau parleur. Un séducteur lourd qui plus est...

61

La désunion de la gauche

Hamon et Mélenchon sont dans un pédalo

Lundi 20 février

Jadis, quand j'étais encore croyant dans l'Église politique, je militais pour une union des gauches antilibérales. *Libération* avait même fait sa une avec ma proposition d'inviter chacun des candidats de cette sensibilité déjà incapable de s'entendre à voter pour un autre que lui afin de déterminer qui porterait les couleurs de cette gauche-là. Bien sûr, chacun avait décliné en prenant les choses de haut…

En fait, je compris à cette époque que les partis politiques roulent pour eux, et pour eux seuls, qu'ils se moquent éperdument des électeurs, des gens, et qu'ils tiennent dans un même mépris la gauche, la République, le peuple, la démocratie, des mots dont ils se gargarisent sans cesse pour mieux mépriser la réalité qu'ils recouvrent.

Hamon veut une union avec Jadot : quelle souris écologiste pourrait refuser de s'allier avec un éléphant socialiste dans cette course qui permettra aux Verts de dire : « Voyez-vous toute la poussière qu'on soulève ? »

Hamon veut une alliance avec Mélenchon ! C'est mal connaître la mégalomanie de celui qui s'habille comme Staline, fait des exposés de cinq heures sur son média comme Castro, parle comme Georges Marchais et pense comme Robespierre que la vertu est d'autant plus efficace qu'elle est bien affûtée. Mélenchon veut l'union, mais derrière sa seule et unique personne.

Mitterrand l'avait bien compris : l'union ne se fait pas sur le programme de l'un des candidats auquel les autres se rallient, mais sur un programme commun de gouvernement décidé en amont par les protagonistes qui arrêtent une ligne sur laquelle ils proposent de s'unir pour obtenir la force qui leur permettra d'accéder au pouvoir et de diriger ensemble.

Quand Mitterrand réalise l'union de la gauche, il le fait sur un programme qui réunit le PCF stalinien de Georges Marchais et la bourgeoisie radicale-socialiste du MRG incarné par Robert Fabre, un pharmacien de province. Bien que le spectre fût large, la chose devint possible.

L'union ne pouvant se faire qu'avec un personnage qui ne relève d'aucune de ces deux extrémités, les durs tournés vers l'URSS ou les mous des banquets radicaux-socialistes, c'est François Mitterrand, rusé, qui s'y colla.

Marchais et Fabre savaient qu'ils ne parviendraient jamais seuls au pouvoir ; Mitterrand aussi. Mais seul celui qui occupait la position de l'équilibre pouvait ramener à lui les deux extrémités : il suffisait que le PCF renonce aux méthodes d'Octobre 1917 et que le MRG accepte de serrer la main à des bolcheviques représentés avec le couteau entre les dents ! L'union déboucha sur Mai 1981 ; puis Mai 1981 sur une trahison en 1983. Mais ça, c'est une autre histoire.

L'égocentrisme de Macron et de Mélenchon est plus fort que leur envie de faire gagner la gauche ou « de battre le FN », comme ils le disent en chœur dès qu'ils le peuvent. Hamon est dans son rôle en proposant cette union. Il sait que si chacun mettait de l'eau dans son vin idéologique en vue de créer une gauche pragmatique, le pouvoir serait à portée de main.

Mélenchon, qui sort du virage en cinquième position derrière Le Pen, Fillon, Macron, Hamon, refuse l'union proposée par le candidat de l'aile gauche du PS et proclame qu'il ne veut pas « s'accrocher à un corbillard » ! Qui est le corbillard ?

Si Le Pen ou Fillon arrivent au pouvoir, ils pourront allumer un cierge votif, c'est le cas de le dire, à ceux qui ont refusé l'union de la gauche, car la droite n'aura été forte que de la désunion de la gauche. Rien de neuf sous le soleil politique...

62

La diplomatie du char d'assaut

Marine Le Pen, fille naturelle de Donald Trump

Mardi 21 février

Le mot *islamophobe* sert hélas aujourd'hui à qualifier quiconque n'est pas un défenseur zélé, sinon un propagateur, de l'idéologie de l'islam politique. Il est donc employé à tort et à travers comme une insulte ; de sorte que, le jour où il faudrait l'utiliser à dessein, il ne signifie plus rien. Tout le monde ayant été islamophobe un jour ou l'autre, quand tel ou tel l'est vraiment, on ne croit plus qu'il le soit.

Car il aurait été bon qu'on puisse dire qu'à Beyrouth Marine Le Pen a manifesté son islamophobie en refusant de porter un voile pour rencontrer le grand mufti du Liban : si elle veut être crédible quand elle souhaite qu'en France on se comporte selon les règles du pays, il lui faudrait montrer qu'elle pense et pratique de même dans tous les autres pays du monde. À défaut, on verra qu'elle ne respecte pas cette religion quand elle va explicitement et à sa demande rencontrer un dignitaire de la religion islamique dans le pays du Cèdre ou dans n'importe quel autre endroit du monde.

L'athée que je suis se déchausse en entrant dans une mosquée – en Turquie, en Libye, en Égypte, au Maroc, en Tunisie, en Algérie, au Mali, en Palestine, en Mauritanie, j'ai ôté mes chaussures en signe de respect ; quand je suis allé dans la synagogue de Venise ou quand je me rends au mur des Lamentations à Jérusalem, je porte la kippa avec émotion ; quand j'assiste à un office dans une église catholique, je me lève et je m'assieds selon le rite. Je n'ai pas l'impression d'accommodements raisonnables : c'est la seule façon de montrer qu'on respecte celui qui ne pense pas comme soi, qu'on a des devoirs à l'endroit de la foi d'autrui, même et surtout si elle n'est pas la nôtre. Moi qui suis et vis sans Dieu, je ne suis pas partisan du droit au blasphème.

Comme ses petits camarades en campagne pour les présidentielles, Marine Le Pen a fabriqué cet incident à destination du journal de 20 heures. Le protocole du mufti lui avait fait savoir la veille que la visite nécessitait un voile sur la tête ; elle est tout de même venue, accompagnée d'une nuée de journalistes, sachant qu'elle monterait ce voile en épingle, si je puis dire ; dès lors, elle a refusé le symbole qu'on lui tendait.

Avec cette insolence, elle fait d'une pierre deux coups : d'abord elle atténue la basse continue médiatique qui, ces jours-ci, pointe la fraude de l'argent européen détourné de ses fins – ni son garde du corps ni sa directrice de cabinet ne sauraient relever du statut d'attaché parlementaire ; ensuite, elle envoie un signe fort à ses électeurs et à quelques-uns qui ne la trouveraient pas assez extrême à droite : *Elle en a, elle, la preuve, elle envoie péter les bicots même chez eux*, se dira l'électeur bas du front.

En agissant comme Trump, brutale et grossière, vulgaire et insolente, en marchant sur le tapis rouge qui la conduit vers le président libanais comme Michèle Alliot-Marie, un balai dans le bas du dos, en ignorant que le monde la regarde, et pas seulement la France, Marine Le Pen montre son vrai visage, pas celui que les médias prétendent voir partout mais ne voient pas quand il est visible, ici par exemple.

La tradition préislamique arabe qui dure dans l'islam tient l'honneur et la dignité en haute estime ; l'offense est donc grave ; elle est faite aux musulmans de la planète entière. Elle lui apportera peut-être quelques voix en France, mais dès à présent, cet affront fait d'elle un Trump en jupon qui entre dans le magasin de porcelaines islamiques debout sur les pédales aux commandes d'un char d'assaut.

63

Ces raisins sont trop verts...

Sa suffisance François Bayrou

Mercredi 22 février

Rappelez-vous la fable de La Fontaine : un renard avise des raisins, les convoite, s'en approche ; puis il voit qu'ils sont trop hauts et constate qu'il ne pourra les atteindre ; dès lors, il y renonce en disant : « Ces raisins sont trop verts... »

François Bayrou est ce renard piteux, la queue entre les jambes. Il frétillait d'y aller, mais il constate en serrant les mâchoires qu'il n'a pas l'argent, qu'il n'a pas les troupes, qu'il n'a pas les électeurs, qu'il n'a pas la ferveur. Malgré tout, il joue le grand seigneur – alors qu'il est en slip...

On l'a entendu chez Bourdin il y a peu de temps dire de Macron qu'il était un hologramme, le candidat du marché, celui des médias, de l'argent et du grand capital ; dans un tweet daté du 7 septembre 2016, à 8h52, il avait clairement écrit : « Derrière Emmanuel Macron, il y a de grands intérêts financiers incompatibles avec l'impartialité exigée par la fonction politique. »

Le voilà aujourd'hui se présentant comme l'homme avec lequel une page d'histoire et de la politique se tourne tout simplement parce que sa suffisance apporte ses rogatons et ses rognures d'ongles dans le pot où macèrent déjà tant d'opportunistes.

Ce même jour, par exemple, François de Rugy, qui avait participé aux primaires de la gauche et qui, donc, s'était engagé à soutenir le vainqueur, trahit, se parjure, trompe et traverse lui aussi la route pour aller chercher son cadeau.

Bayrou se rallie ; c'est une information importante pour les journalistes qui l'aiment tant : avec ce faux derche, ils peuvent voter à droite en croyant qu'ils sont de gauche. Cette petite bande y va de son éloge : courage, grandeur, élégance, vertu. Et puis quoi, encore ?

Cet homme qui n'a vécu toute sa vie que pour être président de la République, au point qu'il le claironnait déjà au lycée, n'a que faire de la France, des Français, de la menace de Marine Le Pen, et autres mantras invoqués pour justifier son ralliement.

Au journal de 20 heures, il commente son immolation : « C'est sans doute [*sic*] un geste d'abnégation. » Puis, quelques minutes plus tard : « Peut-être [*sic*] même que, pour moi, c'est un sacrifice. » Bayrou donne son corps à la France, tel un Jésus chrétien-démocrate bien décidé à sauver l'euro.

Cet homme est l'orgueil même caché sous les plumes de la fausse modestie ; la vanité transpire sous sa soutane ; la suffisance lui gonfle le visage, les oreilles et le verbe au point que ses mots trébuchent. Plus il invoque le motif noble, plus sa bouche trahit le mobile ignoble.

Bayrou ne cesse d'invoquer la morale ; il a raison ; mais il y a loin de la coupe aux lèvres. Il est mortifié de ne pouvoir atteindre les raisins et de devoir, comme Hollande, se suicider politiquement : il ne sera jamais président de la République, il a loupé quatre fois le coche.

S'il ne fait pas sa quatrième campagne, ce n'est pas pour de belles et hautes raisons, mais pour de petites et mesquines causes : il fait partie de la charrette des vieux politicards qui encombrent le terrain depuis 1982 et dont les Français ne veulent plus. Bayrou a mille ans.

À Pau, il avait fait savoir qu'il ne briguerait aucun mandat ; à Paris, il n'en brigue pas parce qu'il ne le peut plus. Bayrou laisse une trace dans l'histoire : celle d'un plat de lentilles.

64

Une chambre à gaz à Disneyland

Mélenchon, déporté pour rire

Jeudi 23 février

Léa Salamé est tellement enceinte qu'elle ne peut plus parler ; David Pujadas est tellement content qu'on croirait qu'il est enceint. Dans leur émission politique, Jean-Luc Mélenchon mélenchonise en ayant pris soin de limer ses canines draculesques parce que ses conseillers en communication ont dû dire au mâtin de Paris qu'il y avait quelques points à gagner en ne montrant ni babines retroussées, ni commissures baveuses, ni yeux injectés de sang, ni queue qui bouge frénétiquement.

Mais il y a chez lui une indécence qui me gêne : en toute occasion, Robespierre-le-Petit arbore sur le revers de son veston, comme d'autres la Légion d'honneur, un triangle rouge. Qu'est-ce que ce triangle signifie ? C'est une invention belge ; nos amis flamands et wallons nous ont habitués à de plus drôles inventions.

Car ce triangle était porté par les déportés politiques de gauche raflés par les nazis, transportés dans des wagons à bestiaux, frappés à l'arrivée dans les camps, dépouillés, dénudés, rasés, puis gazés et précipités dans des fours crématoires.

Que veut nous dire Mélenchon en arborant cet insigne sacré, ce talisman devant lequel on devrait baisser la tête en signe de respect et de vénération à l'endroit de ceux qui sont morts pour leurs idées sous le coup de cette chasse à l'homme ?

Ben, tout simplement qu'il vit dans un régime nazi qui lui a réservé le même sort qu'aux déportés politiques ! Rien de moins. N'est-ce pas un peu trop pour ce personnage qui, décidément, devrait lire *L'Histoire pour les nuls* – et ajouter à ce pensum, ce qui ne serait pas inutile, *La Révolution française pour les nuls* ?

Car, quand et par qui Mélenchon a-t-il été raflé ? Par les socialistes chez lesquels il a pantouflé pendant des années en vivant grassement comme sénateur ? Quand et par qui a-t-il été convoyé dans des wagons, lui qui a connu les voitures à gyrophares et les enveloppes de frais des ministres socialistes dont il fut ? Quand et par qui a-t-il été frappé alors qu'il vit de la manne de député européen sans qu'il lui soit beaucoup fait réprimande de ne pas être très assidu à ce qui justifie ses émoluments ? Quand a-t-il été dépouillé, dénudé, rasé, sinon par quelques journaux *people* et émissions de télévision putassières dans lesquelles il s'est précipité pour se confier sur sa surdité (réelle mais pas métaphorique) ou sur ses kilos en trop ? Quand a-t-il été gazé, lui qui ne manque pas d'air dès qu'il prend la parole publiquement et ment comme un arracheur de dents ? C'est ici une métaphore...

Quand, où, et par qui ses cendres ont-elles été dispersées ? Cessons là...

Cet insigne produit l'effet inverse de ce qu'il devrait obtenir : en voulant attirer l'attention sur cette tragédie que fut la déportation des prisonniers politiques par les nazis, ce triangle ne fait que banaliser une horreur en laissant croire qu'un homme politique qui court tous les médias partage le sort commun de ceux qui sont morts pour leurs idées.

Dans cet ordre d'idée, quel Juif, aujourd'hui, oserait aller se pavaner sur tous les plateaux de télévision avec une étoile jaune ? Aucun, car tous savent qu'on ne joue pas impunément avec les morts et leur mémoire.

Car que risque Mélenchon ? De ne pas être élu. Avouons que la chambre à gaz est bien éloignée... Gageons que nombre de véritables déportés politiques auraient volontiers échangé leur sort contre celui du dandy mondain de la République qu'est Mélenchon. Pas sûr que l'inverse soit vrai...

65

Disneyland, c'est la France

François Hollande se vide

Dimanche 26 février

J'avais oublié que François Hollande était toujours vivant ; or, il l'est bel et bien. Il a en effet jugé bon d'honorer de sa personne un événement majeur : les vingt-cinq ans de Disneyland, une tumeur intellectuelle et politique dont Laurent Fabius fut en son temps le maître d'œuvre – un symbole de ce que fit cette gauche-là qui a damé le sol pour les Le Pen, qui avancent désormais sur une autoroute…

Hollande continue de se vider ; le voilà qui envisage d'envoyer à Donald Trump, qu'il ne nomme pas, car cet homme est un drôle et ménage son effet, un billet pour Disneyland afin qu'il « comprenne ce qu'est la France » ! On rêve !

Pour Hollande, la France, c'est le parc américain de Disneyland ! Le président de la République n'a pas choisi la maison de Victor Hugo, le Mont-Saint-Michel, la galerie des Glaces à Versailles, les alignements de Carnac, Notre-Dame de Paris, les châteaux de la Loire, la saline royale d'Arc-et-Senans – je n'ose songer à Colombey-les-Deux-Églises !

Non, pour faire connaître la France au président des États-Unis, cet homme formaté par l'ENA a choisi Disneyland, la preuve manifeste que, niais et sots, béats et crétins, ces socialistes du Bas-Empire se vautrent dans l'inculture !

Ajoutons qu'on sait aussi que Disneyland, c'est le lieu qu'avait choisi son double en politique, Nicolas Sarkozy, pour l'étalage médiatique de sa nouvelle conquête féminine. On a les sites historiques qu'on peut !

La veille, lors de l'inauguration du Salon de l'agriculture, le même François Hollande (dont j'ai toujours été étonné qu'on lui trouve de l'intelligence, car, quand on en a, on la montre au lieu d'étaler si souvent son contraire qui est la bêtise) avait déjà pensé sous lui en affirmant, toujours en direction de Trump qui a dit que *Paris n'était plus Paris* : « Ici, il n'y a pas de personnes [*sic*] qui prennent des armes pour tirer dans la foule ! »

Mohamed Merah qui explose la tête des enfants juifs parce qu'ils sont juifs : c'est en France ou aux États-Unis ? Cabu, Charb, Tignous, Honoré, Wolinski et les autres victimes de *Charlie Hebdo* abattus à la kalachnikov : c'est aux États-Unis ou en France ? Et les quatre-vingt-dix morts du Bataclan, tous fauchés au fusil d'assaut : c'était dans le fin fond du Texas ou dans le XIe arrondissement de Paris, boulevard... Voltaire ?

C'est probablement parce qu'il a montré toute la puissance de son intelligence pendant ces cinq années en général et dans ces dernières heures en particulier (ces deux derniers dérapages constituent une quintessence !) que Christine Angot a lancé un appel à Hollande, ce jour, dans le *Journal du dimanche*, pour qu'il relève le gant et qu'il y aille ! Trop d'intelligence tue l'intelligence.

66

Néron fait de la politique

Mélenchon vote Macron

Dimanche 26 février

L'élection présidentielle n'est ni un concours de beauté ni un concours d'élégance ; ça n'est pas la foire des ego et des Narcisses, la kermesse des orgueils et des vanités ; ça n'est pas non plus un divan national sur lequel le candidat exhibe ses pathologies d'enfance en demandant au peuple qu'il le soigne en lui disant qu'il l'aime ; ça n'est pas une cour de récréation dans laquelle les impubères font des concours de longueur de bistouquette ou sacrent celui qui aura pissé le plus loin ; ça n'est pas un investissement médiatique destiné à créer un capital de visibilité qu'on passe ensuite sa vie à monnayer ; ça n'est pas un plateau télé qui permettrait de se mettre dans la file d'attente de l'histoire entre Robespierre et Castro, entre Thiers et de Gaulle, entre Lénine et Mao ; ça n'est pas un radio-crochet dans un camping national qui permet ensuite d'être sacré prince du caravaning, donc roi de la boîte de nuit – enfin, ça ne devrait pas être ça alors que, hélas, c'est ça, rien que ça, tout ça et rien de plus que ça...

La preuve en est donnée par la fin de non-recevoir signifiée par Mélenchon à Benoît Hamon d'une union de la gauche qui permettrait de placer une gauche véritable en face de Marine Le Pen. Ce refus prouve donc bien que Mélenchon simule quand il dit que le Front national est un danger pour la démocratie, un danger pour la République, un danger pour la France, un danger tout court. Car qui n'empêche pas l'incendie quand il le peut est soit un fou, soit un fou, soit les deux. À moins qu'il crie à l'incendie alors qu'il n'y a pas le feu. Ce qui est être fou d'une autre manière.

Benoît Hamon et Jean-Luc Mélenchon « se sont secrètement entretenus vendredi », nous dit la presse, qui ajoute que c'était dans un restaurant – on fait plus secret... Au menu : cervelle de canut, steak tartare de cheval arrosé d'eau plate et tête-de-nègre en dessert – non, je plaisante...

Dans cette affaire, Benoît Hamon a montré une constance qui l'honore ; Jean-Luc Mélenchon, lui, aura zigzagué, comme pendant toute sa vie politique, en affirmant un jour devant des millions de téléspectateurs que la porte n'était pas fermée et qu'il pouvait bien sûr rencontrer le candidat élu par les socialistes avant, le lendemain même, de dire qu'il ne se souvenait pas d'avoir dit ça, puis, le jour d'après, de se rendre au restaurant pour confirmer qu'il serait candidat, seul, quoi qu'il arrive. Rusé, il avait senti le piège et ne voulait pas être rendu responsable de la désunion de la gauche : il l'est pourtant, et dans les grandes largeurs.

Le bon sens eût voulu que cette union se fasse sur le candidat qui se trouve au centre du dispositif qui va des écologistes aux néomarxistes, car l'union ne se fait jamais avec les extrêmes. Il eût aussi supposé que l'union ne se fasse pas sur la feuille de route de chacun des candidats mais sur un *programme commun* qui n'est pas l'union des trois programmes mais la constitution d'un tiers programme à partir des trois.

Mais le bon sens n'est pas la chose du monde la mieux partagée. En agissant ainsi en faux candidat de tous mais en vrai candidat de lui-même, Mélenchon préfère un échec solitaire, suivi d'une victoire de la droite, à un succès collectif qui aurait dilué son ego dans une aventure commune : Mélenchon est un libéral en politique, un égotiste sans foi ni loi qui ne vise que ses bénéfices, quoi qu'il en coûte aux autres. Si Macron ou Fillon sont élus, ils pourront offrir une brassée de roses rouges à l'ami de Robespierre et de Castro : ils lui devront beaucoup.

67

Droit dans ses crottes

Fillon couche avec Pinocchio

Mercredi 1er mars
Jour des Cendres...

Ce premier mercredi du mois, les sirènes hurlent sur la ville ; il est midi. Toutes les caméras de France filment une paire de micros devant une paire de drapeaux, l'ancien, celui de la France, le nouveau, celui de l'Europe. Le fond est bleu. Les journalistes journalisent ; en substance, ils disent : « Soit il se retire, soit il continue » – depuis le moment où l'on sait que Fillon a annulé sa visite au Salon de l'agriculture quelques heures plus tôt, les variations sur ce thème vont bon train. Échaudée par le peuple qui fait mentir les prédictions de cartomanciennes que sont les éditorialistes, l'engeance est sinueuse, elle ondule comme une anguille, elle p'tète ben qu'oui, elle p'tète ben qu'non...

Apparaît le candidat présumé aux présidentielles de la droite et de la droite ; il a le visage de Buster Keaton et le nez de Pinocchio ; il est raide comme l'injustice ; il parle comme un robot japonais en lisant son texte ; il avait promis qu'il jetterait l'éponge si et seulement s'il était mis en examen ; or, il va être mis en examen ; donc il ne jette pas l'éponge. Fillon syllogise à sa manière qui est celle d'un Socrate allant à la messe.

Cet homme à l'âme très chrétienne déjà couverte de boue et de sanies, de déchets et d'épluchures, d'excréments et de vomi, vient donc de convoquer la presse non pas pour annoncer son renoncement, ce qui aurait eu le mérite de lui conférer le gramme de dignité avec lequel il aurait pu en faire des tonnes, mais pour persister : il n'a rien fait, il n'est coupable de rien, il « nie les faits » (j'adore l'aveu...), il est victime des juges, il est la cible des journalistes, il est la proie des médias, il est dans le collimateur des officines de l'Élysée, il est *L'Élection* à lui tout seul et on en veut à *L'Élection*, il est la démocratie et on entend l'abolir en l'empêchant de se présenter...

On croit rêver ; on ne rêve pas. Son nez s'allonge démesurément au point que, de seconde en seconde, on le voit pousser jusqu'à rentrer dans tous les foyers français. Ses narines sont sur notre soupe du midi, il renifle nos pots de rillettes, ses naseaux soufflent une haleine puante jusque dans nos cuisines, son museau goutte sur nos tables, son mufle remue en quête de pitance, son groin fume dans nos salles à manger : Fillon parle.

Quand il a parlé, Bruno Le Maire a compris que c'était le bon moment pour claquer la porte : il se croit de Gaulle en quittant un corrompu, oubliant qu'il avait rallié un faisandé. Ce mercredi des Cendres, c'est l'après-présidentielle qui commence. Bonjour, monsieur Le Maire...

68

Coucou, le revoilou

Villepin, le retour…

Jeudi 2 mars

Souvenez-vous, c'était il y a un siècle : le petit Sarkozy courait, en sueur, essoufflé, sur une plage française, engoncé dans une culotte courte. Il ne faisait alors pas le poids face à Dominique de Villepin, grand, élancé, torse nu, lunettes de soleil de star, sortant de l'eau glacée de La Baule, tel Neptune en personne bronzant sur une plage de Loire-Atlantique devant les caméras de France 3.

C'était, sur nos écrans, la preuve que le message politique avait fait son temps et qu'il fallait désormais le remplacer par la communication d'images faites tout spécialement pour séduire. En jouant Wotan le musclé, le patron du Walhalla, contre Alberich le contrefait, le nain des sous-sols, Villepin savait ce qu'il faisait. Wagner marquait un point contre Offenbach. Mais Alberich n'était pas du genre à raccrocher si simplement le marteau.

L'un avait promis le croc de boucher à l'autre qui avait fini par appeler à voter pour son boucher présumé aux présidentielles suivantes. On ne sait ce qui avait présidé à cet accord surprenant entre ces deux rejetons de Fouché et de Talleyrand. Mais accord il y eut ; ce qui veut dire que l'un et l'autre avaient des choses à cacher et que le boucher et son quartier de viande avaient tous deux intérêt à rentrer les couteaux, à remiser la feuille, à calmer le hachoir.

Depuis, Dominique de Villepin avait renoncé à ses velléités de présider la République pour se faire conseiller occulte des puissants : le monde est pour lui un village. Une fois le Kremlin, une autre la place Tian'anmen, une troisième la citadelle d'un puissant émir dans le désert, les visites de ce passionné de Napoléon s'effectuent dans les palais des grands mafieux de ce monde.

Le voilà qui réapparaît dans une tribune du *Figaro* dans laquelle il fustige Fillon : le Sarthois a perdu toute dignité, il n'a plus aucune crédibilité, il nous ridiculise sur la planète entière, il est un facteur de guerre civile, il met en avant son intérêt personnel et passe au second plan celui de la France, il est disqualifié pour défendre les institutions, la démocratie et la République. Tout cela est vrai.

Il faut donc, en déduit-on, un homme digne, crédible, qui nous représente bien sur toute la planète, qui soit capable de réunir tous les Français, qui fasse passer son intérêt personnel après celui de la France qui, seul, doit primer, un homme qui défende les institutions, la démocratie et la République. Chacun aura compris qu'il n'y a qu'un seul homme qui coche toutes les cases : le général de Gaulle…

Mais comme l'homme de l'Appel du 18 juin tarde à se déclarer, il y en a un autre qui, peut-être, pourrait faire l'affaire. Comment comprendre la dernière phrase de cet article dans lequel Villepin dit que, dans le cas où Fillon se maintiendrait, il « prendrait [ses] responsabilités » ?

Il le dit chez Bourdin, la chose est répétée à *Paris-Match*, puis réitérée dans *Ouest-France*, on en remet une couche sur RTL, on persiste dans *Closer*, il recommence à Europe 1, il ventriloque sur BFM TV – pour un homme qu'on ne voyait plus, voici une série de réapparitions en majesté !

On n'imagine pas chez ce séduisant Machiavel haut de gamme qui cite René Char et Saint-John Perse que pareilles disséminations médiatiques soient gratuites et désintéressées. On sait qu'il ne votera pas Fillon, qu'il ne hait point Macron, et qu'il s'aime assez pour s'imaginer rehaussé avec le képi du général – un couvre-chef convoité par tous ceux dont la grosse tête empêche qu'il leur aille.

69

Jusqu'ici, tout va bien…

Fillon fluctuat et mergitur

Dimanche 5 mars

Puisque François Fillon nous dit que tout va bien, il faut le croire ! *Le Canard enchaîné* lui a coupé la tête, les sarkozystes lui ont sectionné les ailes, les juppéistes lui ont tranché les pattes, les opportunistes de son camp, ce qui fait beaucoup de monde, lui ont planté un poignard dans le bréchet, les quadras de droite lui ont arraché les plumes, les centristes lui ont ôté ce qu'ils n'ont pas, les roubignoles, mais le volatile court toujours, même si c'est de façon zigzagante, vers l'Élysée.

La *Propagandastaffel* de son équipe a donné le chiffre des militants présents sur la place du Trocadéro : 300 000, dit l'un ; 400 000, avait dit l'autre. Plus ? Ils n'ont pas osé, chacun sait que cette place, saturée, ne contient pas plus de 40 000 personnes.

« 300 000 », c'était déjà l'élément de langage donné par les sarkozystes pour dire combien le rassemblement de leur grand homme avait été un succès – quelques jours plus tard, dans les urnes, c'était plutôt l'estimation de la police qui prévalait.

Fillon devait aller à deux gros rendez-vous médiatiques ; puis il les a annulés ; puis, annulant l'un des deux, il n'en a finalement annulé qu'un seul ; il en a donc restauré un qu'il avait annulé. Où l'on voit que le poulet va, il ne sait pas où, mais il y va bien.

Marine Le Pen, quant à elle, dispose de toutes ses ailes, de l'intégralité de ses pattes, de son bréchet intact, de ses plumes et de ses roubignoles, et elle avance en ligne droite, très droite, vers le même endroit. Emmanuel Macron, pourvu de la même anatomie que sa compagne de course, y va lui aussi. Ils font la course en tête.

Juppé a parlé. Il a fait du Juppé : sans gluten, sans matière grasse, sans perturbateurs endocriniens, sans lactose, sans arachide, en un mot, allégé en testostérone, il a dit que : « Non, c'est non, il n'irait pas, trop vieux, pas assez bien placé pour incarner la volonté de rajeunissement du personnel politique pour être un plan B ! » – propos librement consignés… Comme s'il n'était pas déjà assez vieux et pas déjà assez inapte à incarner le désir de rajeunissement lors des primaires ! C'est fou comme l'orgueil blessé rend soudain lucide.

François Baroin la couleuvre avait pris soin de se montrer sur la photo de Fillon au Trocadéro, juste derrière lui. C'était un signe envoyé à Juppé pantouflant devant sa télé : si l'ancien avait des velléités de plan B, il devrait compter sans ce néosarkozyste, mais aussi sans Fillon et son dernier carré de kamikazes. Ce qui voulait dire que, dans l'hypothèse d'un Fillon écarté et d'un Juppé adoubé, ce dernier n'aurait pas les voix de ceux qui, dans le secret de l'isoloir, auraient voté Le Pen, sinon Macron…

Juppé est donc lui aussi affecté par le syndrome du renard et des raisins : sachant qu'en cas de retour dans la course il se ferait décapiter, tronçonner, plumer, émasculer lui aussi par les affidés de Sarkozy associés aux grognards de Fillon, il a dû manger son centième sombrero devant les caméras. Il aura bien mérité sa retraite...

70

La religion de la traîtrise

Les couteaux de Manuel Valls

Mardi 14 mars

Les couteaux de Manuel Valls ont servi, on s'en souvient, à sectionner les génitoires du président de la République, qui, sujet dépourvu de ce qui lui restait d'attributs, s'est retrouvé impuissant, donc renonçant.

Premier ministre démissionnaire, puis candidat évincé des primaires, l'Espagnol était allé cuver son mauvais vin dans je ne sais quelle hacienda où il a fait raffûter ses couteaux quelque peu émoussés par de trop fréquents usages. Voici que les lames reprennent du service !

Valls avait tout fait pour faire échouer Hollande, c'était le prérequis pour envisager une suite présidentielle à sa carrière. Cette fois-ci, jaloux et mauvais, donc pleinement lui-même, le voilà prêt à tout pour saborder Benoît Hamon, le candidat élu lors des primaires de son propre parti.

Dans les sous-sols du palais Bourbon, le lieu de la représentation nationale, il fait savoir à ses affidés qu'il ne donnera pas sa signature au candidat de son camp élu par des millions d'électeurs de gauche qui se sont déplacés pour jouer le jeu. Comme un enfant en colère, Valls a perdu, il renverse la table et piétine rageusement la règle.

Elle était pourtant simple, clairement rédigée, sans équivoque. Elle disait ceci : « Je m'engage à soutenir publiquement le-la candidat-e qui sera désigné-e à l'issue des élections des primaires citoyennes et à m'engager dans sa campagne. » S'il avait été élu, il aurait bien fait son affaire de cette promesse sculptée dans le sabir du politiquement correct, mais comme il ne l'a pas été, il déchire le contrat et le jette à la poubelle.

Lui fait-on remarquer que tout ceci ressemble à une traîtrise, à une infidélité, à une forfaiture, à une déloyauté, ce qui est le cas, que l'insolent répond avec le mouvement de menton mussolinien qu'on lui connaît bien : « Je n'ai aucune leçon de loyauté à recevoir. » Le propre du demi-ingénieux hidalgo est qu'il refuse les leçons alors qu'il passe son temps à en donner.

Sachant que, s'il ne gagnait pas cette course socialiste d'avant la course nationale, celui qui serait élu serait plus de gauche que lui, il a tout de même signé le papier, ce qui était faire savoir qu'il se plierait à la discipline républicaine exigée par le contrat des primaires.

Valls parle de « dérives empreintes d'une forme de sectarisme » ! Tudieu ! Le voilà qui feint de découvrir aujourd'hui que Benoît Hamon, qui fut longtemps avec lui un apparatchik pour nombre de coups tordus socialistes, portait des idées plus socialistes que les siennes – ce qui, convenons-en, n'est pas bien difficile. Le voilà débordé par plus sectaire que lui.

Valls apparaît désormais en majesté, nu devant l'histoire ; nu, avec un couteau encore rouge du sang frais du président de la République aujourd'hui mort pour la France. Il court après Hamon, toujours nu, la lame en l'air. S'il ne trébuche pas, il va bientôt planter son deuxième poignard.

Bien sûr, mâchoires serrées, l'œil noir, la coiffure en poil de sanglier, il dira qu'il a tué pour sauver la République, sauver la démocratie, sauver la nation, sauver la France, sauver l'Europe, sauver la liberté, sauver l'égalité, sauver la fraternité, donc sauver la gauche – sinon sauver l'Occident qui, à ses yeux torves, s'y résume !

En tuant ces deux-là, Valls aide Macron à entrer à l'Élysée. Le petit banquier qui deviendra grand y fera la politique de Hollande... qui est aussi celle de Valls ! L'impéritie européiste ainsi reconduite ouvrira un boulevard dans cinq ans à sa petite personne. La machine médiatique à décerveler aidant, on aura oublié qui il fut et il passera pour un homme neuf – comme Juppé.

71

Grandeur des petits candidats

Nathalie, Philippe, Jean & les autres

Lundi 20 mars
Printemps

Le Grand Débat selon TF1 a commencé par une faux-culterie de Fillon reprise par quelques autres candidats, elle ne mangeait pas de pain : ceux qui auraient aimé être seuls pour monologuer *ad nauseam* sans contradicteurs feignaient de regretter que les petits candidats n'aient pas été conviés... Courageux, mais pas téméraires, aucun de ceux-là n'est allé jusqu'à quitter le plateau en signe de solidarité avec la valetaille ainsi congédiée. Faut pas pousser...

Un débat à onze aurait été impossible a-t-il été dit ; mais une série de monologues chronométrés comme dans un stade ont-ils, eux, rendu le dialogue possible ? Chacun avait ses fiches – le tas de Benoît Hamon était impressionnant... Tous, quelles que soient les questions, ont récité leur poème rédigé avec leurs nègres et leurs communicants, c'était beau comme l'antique.

Parmi les onze candidats ayant obtenu les cinq cents signatures, TF1, arbitre des élégances contemporaines, en avait choisi cinq, donc écarté six. Les premiers ont été dits grands ; les seconds, petits. En fonction de quels critères ?

Si les sondages doivent ainsi faire la loi, alors enjambons l'élection réelle pour nous contenter de transformer ces tracts électoraux fabriqués dans les officines en résultat de scrutin, ainsi les choses seront claires : Marine Le Pen en tête au premier tour, Emmanuel Macron second, puis, au deuxième tour, Le Pen balayé par Macron, le candidat du système – libéral, européiste, mondialiste, de droite et de gauche, mais surtout de droite, parce que ce qui est de gauche chez lui relève de la gauche de droite. C'est la ligne de *Libération*, du *Monde*, des *Inrockuptibles*, de *L'Obs*, de France Inter, de France Culture, etc.

Je constate que TF1 a choisi les candidats qui ne remettent pas en cause l'Europe libérale de Maastricht – pas, ou du bout des lèvres. Ainsi Jean-Luc Mélenchon, prudent, souhaite désormais renégocier les traités européens, mais sans abolir leur monnaie, qui est leur instrument. De même, Marine Le Pen, plus prudente encore, renvoie à un référendum sur ce sujet dont elle fait pourtant le cœur nucléaire idéologique de sa campagne. Elle pourrait pourtant économiser la consultation électorale en décidant de façon régalienne comme la fonction de président de la République le lui permettrait. Mais, voyez-vous, il s'agit de ne pas effrayer les marchés… On est antisystème ou on ne l'est pas !

Ce que lesdits petits candidats ont en commun, c'est d'être tous de francs opposants à la formule libérale et maastrichienne de l'Europe : Nathalie Arthaud de Lutte ouvrière et Philippe Poutou du Nouveau Parti anticapitaliste sont contre ; François Asselineau de l'Union populaire républicaine est contre ; Jacques Cheminade de Solidarité et Progrès est contre ; Nicolas Dupont-Aignan de Debout la France est contre ; Jean Lassalle de Résistons, après avoir été de longues années un européiste du MoDem est aujourd'hui contre... Étonnant, non ?

Comme on le voit ici en pleine lumière, les thuriféraires de l'Europe maastrichienne aiment le dialogue, la liberté d'expression, le débat d'idées, la confrontation des opinions, l'échange d'arguments, autrement dit : le libre exercice de l'intelligence sans lequel il n'est point de République ni de démocratie. Dans le Macron, tout est bon.

72

Sondés très profonds...

La pensée de Lévy, Jean-Daniel

Mardi 21 mars

Toujours à la pêche matinale aux informations concernant cette campagne présidentielle décidément fin de siècle, très fin de siècle, décadentiste même, je tombe sur une information qui me sidère au point que je m'y reprends à plusieurs reprises pour voir si je comprends bien ce qu'il faut comprendre et si je lis bien ce qu'il faut lire.

Dans *Atlantico*, il faut tout lire, un article intitulé « Et le grand gagnant est... », de Jean-Daniel Lévy, nous apprend ce qu'il faut penser du débat ayant réuni les prétendus grands candidats.

Qui est ce monsieur ? Lisons la notice qui lui est consacrée sur le *Huffington Post*, un support bien comme il faut, politiquement correct : « Jean-Daniel Lévy, 39 ans, travaille depuis 16 ans dans le secteur des études (IFOP, Harris Interactive, CSA). Il a été amené à travailler aussi bien sur des sujets *corporate* (image interne et externe des entreprises et des institutions), d'opinion que politique. Il est persuadé que l'analyse transverse (mêlant opinion, *corporate* et marketing) offre une analyse profonde des faits de société et une restitution plus dynamique des résultats des enquêtes. Jean-Daniel Lévy est également éditorialiste sur La Chaîne parlementaire (LCP). » Il nous offre donc « une analyse transverse (mêlant opinion, *corporate* et marketing) ». Pour ma part, je me serais contenté d'une analyse, un point c'est tout.

Et que dit « l'analyse transverse » ? Que « Macron apparaît comme le candidat ayant le plus convaincu les Français ayant au moins entendu [*sic*] parler du débat ».

On aura bien lu : des chiffres sont donnés, extrêmement précis, mais ils sont obtenus avec des gens qui n'ont pas forcément regardé le débat, mais qui se sont contentés d'en entendre parler ! On rêve...

Je continue ma lecture : « 22 % des Français ayant au moins [re-*sic*] entendu parler du débat indiquent n'avoir été convaincus par aucun des participants. »

Plus loin : « Benoît Hamon, quant à lui, est jugé comme le candidat ayant le plus convaincu que par 6 % des Français ayant au moins entendu [re-re-*sic*] parler du débat. » Admirons en passant la qualité de l'expression et de la syntaxe.

La phrase suivante : « À l'issue de ce débat, les Français en ayant au moins entendu parler [re-re-re-*sic*] ont été invités à exposer leur préférence pour l'un des onze candidats à l'élection présidentielle. »

Encore un petit, pour la route ? Entendu, allons-y : « Enfin, lorsqu'ils sont invités à se projeter dans les résultats de l'élection qui leur semblent les plus plausibles, les Français ayant au moins entendu parler du débat [oui, oui : re-re-re-re-*sic*] envisagent la victoire du candidat d'En Marche ! »

Ne nous privons pas d'une dernière douceur : « Notons que moins d'un Français ayant entendu parler [*sic* pour la sixième fois] du débat sur deux souhaitant la victoire de Jean-Luc Mélenchon ou de Benoît Hamon anticipent la victoire de "leur candidat". »

Autrement dit, il suffit aux gens du « département politique et opinion d'Harris Interactive », dont Jean-Daniel Lévy est désormais le directeur, d'aller au restaurant le soir du débat, de sortir en boîte ensuite, d'y faire la bringue jusqu'à tard le matin, de se réunir le lendemain en fin de matinée, les yeux en trous de fouine, d'écouter ce qui s'est dit autour de la machine à café, puis de pondre une « analyse transverse » en l'enrobant de sondages à deux chiffres.

Quels messages fallait-il faire passer ? Que « Macron apparaît comme le candidat ayant le plus convaincu les Français ayant au moins entendu parler du débat ». Et que « les Français ayant au moins entendu parler du débat envisagent la victoire du candidat d'En Marche ! » Fermez le ban, ramenez l'oseille.

73

Freud aurait voté Le Pen

BHL et Gérard Miller votent Freud

Mercredi 22 mars

Des psychanalystes signent un appel intitulé « Contre Marine Le Pen et le parti de la haine ». L'heure est grave, puisqu'il s'agit d'éviter aux Français une nouvelle Collaboration avec de nouveaux nazis... Chacun sait que Marine Le Pen a pour projet d'exterminer les Juifs d'Europe dans des chambres à gaz. Ceux qui l'ignoreraient encore seraient bien mal informés. Il faut donc se mobiliser.

Cette pétition commence ainsi : « Le Front dit national réduit la nationalité aux ancêtres. Il en fait, non un choix de tous les jours, mais un héritage archaïque. Il est l'avatar actuel du séculaire courant contre-révolutionnaire qui naquit jadis de l'hostilité aux Lumières, gloire de la France. »

C'est drôle, moi qui ai lu Freud dans sa totalité, l'œuvre et la correspondance, et qui ai regardé tout cela à la lumière de sa biographie, j'ai plutôt l'impression que l'archaïque revendiqué comme constitutif de l'être, c'est bien plutôt Freud que

Marine Le Pen – dont j'avoue n'avoir pas lu l'œuvre complète, aux contraires des psychanalystes qui l'ont plus lue que celle de Freud !

Je me souviens que le complexe d'Œdipe, le complexe de castration, le meurtre du père, le banquet cannibale, la naissance de la Loi, le viol de la première femme par le premier homme, toute cette mythologie bien éloignée de la pensée rationaliste des Lumières dite « gloire de la France », tout ça se trouve raconté avec force détails chez Freud, qui montre dans *Totem et tabou* que ce fatras s'enracine dans un inconscient… archaïque auquel se réduit chacun. Freud affirme que cet archaïque se transmet mystérieusement de façon phylogénétique ! Les Lumières, vous dis-je…

Je me souviens aussi que, le 21 mars 1933, dans une lettre à Max Eitingon, Freud écrit qu'il faut travailler avec le régime national-socialiste alors au pouvoir pour maintenir la psychanalyse à flot. La corporation freudienne travaillera alors avec Matthias Göring, le cousin du maréchal.

Je me souviens encore qu'en juillet de la même année, Freud obtient l'éviction de Wilhelm Reich, coupable de communisme. Sa fille Anna se réjouit de cette purge d'un homme de gauche dans la tribu psychanalytique.

Je me souviens également que le même Freud, rencontrant un psychanalyste italien ami de Mussolini, Edoardo Weiss, qui lui demande un livre dédicacé pour le Duce, prend *Pourquoi la guerre ?* dans sa bibliothèque et rédige la dédicace suivante : « À Benito Mussolini, avec le salut respectueux d'un vieil homme qui reconnaît en la personne du dirigeant un héros de la culture. Vienne, le 26 avril 1933. » Puis il signe… Weiss interviendra plus tard auprès de Jones pour qu'il ne mentionne pas cet événement dans la biographie de Freud. On le comprend...

Je me souviens toujours que, le 12 février 1934, Freud dit préférer l'austro-fascisme du chancelier Dollfuss à la menace des sociaux-démocrates qui, non loin de chez lui, sont entre 1500 et 2000 à laisser leur vie dans une manifestation réprimée dans le sang et suivie de pendaisons publiques.

Je me souviens enfin que, dans *Malaise dans la civilisation* et dans *L'Avenir d'une illusion*, Freud a beaucoup écrit contre Marx, les communistes, la gauche, mais rien, jamais, contre Hitler ou le nazisme, contre Mussolini et le fascisme, et qu'en revanche il a défendu les régimes forts, entre les mains de « meneurs supérieurs » (*Œuvres complètes*, tome XVIII, page 149) dont la tâche consisterait à contenir les pulsions des masses.

Dans *Pourquoi la guerre ?*, qu'il n'avait pas choisi innocemment pour l'offrir à Mussolini, Freud écrivait qu'il faudrait « éduquer une couche supérieure d'hommes [...] auxquels reviendrait la direction des masses non autonomes » (*Œuvres complètes*, tome XIX, page 78). Pour lui, il fallait apprendre à vivre avec la guerre, dont il affirmait qu'elle était inévitable. Pas sûr que Freud ait voté Macron... En revanche, il aurait pu voter Le Pen.

74

Dans le goulag, tout est bon

Alexis Corbière, un knout de rouge

Jeudi 23 mars

Début mars 2017, *Paris-Match* propose à ses lecteurs le portrait d'un couple de tourtereaux du Front de gauche, Raquel Garrido et Alexis Corbière, sous le titre « Les Amoureux de La France insoumise ». Le buste généreusement penché sur son Roméo qui se trouve devant son ordinateur avec, à l'écran, devinez qui ? Jean-Luc Mélenchon (qui est aussi en arrière-plan sur la couverture d'un livre bien mis en évidence...), la dame regarde l'objectif bien en face. Son mari aussi. Les deux semblent dire que la révolution n'est pas du tout incompatible avec le reportage *people* sur leur vie privée.

On apprend dans ce texte que Mélenchon les appelle « mes petits chéris ». On peut aussi y lire ceci : « Dans l'appartement, une toile en mauvais état de Lénine. » J'aurais préféré : une toile d'un Lénine en mauvais état, mais non.

Est-ce de l'inconscience ? Sûrement pas. Car Alexis Corbière a une longue carrière d'apparatchik derrière lui : chez les trotskystes lambertistes, où il a occupé un poste important ; à la Ligue communiste révolutionnaire, dans laquelle il a siégé au comité central ; au Parti socialiste, où il est entré en 1998 avant d'accompagner Mélenchon dans la création du Parti de gauche. Par ailleurs, il a commencé des études de philosophie, puis d'histoire, mais pas au-delà d'un bac + 3, ce qui lui permet d'enseigner à mi-temps dans un lycée professionnel. À bac + 6, il aurait peut-être eu un temps complet.

L'homme s'est associé à Laurent Maffeïs pour publier *Robespierre, Reviens !*, éloge du jacobin emblématique dont on connaît les faits d'armes : un tribunal révolutionnaire dans lequel la défense est interdite, la guillotine comme instrument de la Vertu, le gouvernement révolutionnaire, mais aussi : le génocide vendéen qui a occasionné la mort de 200 000 personnes et les noyades de Carrier à Nantes qui relèvent du crime contre l'humanité.

Le même Alexis Corbière s'est fait remarquer en février 2012 en protestant auprès du conseil municipal de Paris du fait qu'une rue de la ville porte le nom de Soljenitsyne, l'homme dont *L'Archipel du goulag* a révélé au grand public la nature totalitaire du régime soviétique – j'ajoute : au même titre que celui d'Hitler. Le professeur d'histoire accompagne sa haine du dissident d'un regret que Robespierre, lui, n'ait pas donné son nom à une rue de la capitale...

Un certain Jean-Luc Mélenchon s'est lui aussi répandu contre Soljenitsyne sur son blog en 2008, et ce, dans le grand style du KGB : « Inepte griot de l'anticommunisme officiel », « baderne passéiste absurde et pontifiante, machiste homophobe et confit en bigoteries nostalgiques de la Grande Russie féodale et croyante », « perroquet utile de la propagande occidentale »...

On doit à Lénine l'instauration du premier camp de concentration en Russie soviétique dès le printemps 1918 – puis des suivants jusqu'à sa mort. Lénine enclenche le processus de destruction massive de ses opposants. Staline est l'*alter ego* de Lénine : le second n'est pas le méchant qui aurait dévoyé la ligne du premier, le bon Lénine. L'un et l'autre ont gouverné comme Robespierre.

Le communisme n'aura fait que cent millions de morts au XXe siècle, pensent sûrement Corbière et Mélenchon. Tout cela mérite bien un petit portrait de Lénine dans son salon. Sachant que *Paris-Match* venait, celui de Staline était probablement à la cave.

75

Si sa tante en avait…

Marion : Maréchal ou Le Pen ?

Mardi 28 mars

Dans *Femme actuelle*, Marine Le Pen cogne fort sur sa nièce Marion ! Questionnée pour savoir si elle ferait rentrer sa benjamine au gouvernement une fois élue, Marine Le Pen a répondu « non » de façon virile.

« Pas assez expérimentée », dit celle qui n'a jamais été ministre ni secrétaire d'État : en matière d'expérience, Marine n'en a pas plus que Marion qui, parce que députée, en a même plus que sa tante…

Pas question non plus de la nommer parce que choisir un membre de sa famille, ça ne se fait pas ! Certes, mais ce prurit vertueux est récent, car son compagnon Louis Aliot a été recruté comme assistant parlementaire européen, un statut pourtant formellement interdit par les textes. Le peut-être futur Premier dame de France touchait une très grosse somme pour un mi-temps qui ne devait pas demander autant de moitié de temps que ça…

Autre argument : « Elle est assez raide. » Chacun aura constaté combien Marine Le Pen ne l'est pas, elle, raide ! La patronne du Front national est souple comme une enclume, flexible comme une barre d'acier, élastique comme une traverse de chemin de fer. Sa démarche le montre : quand elle arrive sur scène, elle danse plus qu'elle ne marche au pas militaire, elle lévite plus qu'elle ne frappe le sol avec son talon !

Cette animosité cache mal qu'il y a deux fronts à ce taureau : l'un qui philippote en piquant le programme économique du Georges Marchais des années 1970 ; l'autre qui maréchalise en lorgnant vers le menhir borgne, tout en ne rechignant pas au recyclage de quelques anciens parachutistes de l'OAS ou de nostalgiques de Vichy.

Dans ces deux Fronts, l'un est socialiste ; l'autre est national. Mais pas question d'un socialisme national ou d'un national-socialisme. Les deux composantes semblent, comme l'huile et l'eau, impossibles à mélanger. C'est pourtant le même parti !

Les deux ailes de ce volatile tricolore (Marine et Marion) sont tout aussi irréconciliables que les deux ailes du Parti socialiste (Hamon et Valls), les deux ailes d'En Marche ! (Robert Hue et Madelin), les deux ailes des Républicains (Juppé et Fillon), les deux ailes des écologistes (Jadot et Cohn-Bendit). Chaque fraction de droite de l'un s'entend plus volontiers avec la fraction de gauche de l'autre.

Après la présidentielle, les recompositions se feront en faisant exploser les partis anciens : Valls le socialiste, Macron le marchiste, Juppé le droit-dans-ses-bottistes, Cohn-Bendit l'européiste sont de faux ennemis, mais de vrais copains comme cochons.

En cas d'échec de Marine Le Pen, les philippistes se feront couper la tête ; les marionistes les porteront au bout des piques dans les travées de leur prochain congrès. Marine marinera.

Pendant ce temps, Marion marionera : son heure arrivée, dans cinq ans, elle fera alliance avec l'aile droite du volatile Républicain parfois nommée « la droite hors les murs ». Ce sera alors suffisant pour constituer une basse-cour conséquente : Marion sera alors le coq de ce poulailler. Et là, fini de rire…

76

Judas a trouvé son maître

Valls votera Macron

Mercredi 29 mars

Il l'a fait ; il a osé. Traître aux yeux de tous, parjure devant des millions de Français, félon haut de gamme, infidèle de première classe, déloyal dans les grandes largeurs, le petit Manuel Valls qui s'était engagé à soutenir le vainqueur des primaires de son camp passe dans celui d'en face – il est vrai, celui d'un fourbe en or massif lui aussi.

L'ancien Premier ministre ne nous fera pas croire qu'il a découvert la véritable nature de Benoît Hamon au lendemain de son élection au poste de candidat du Parti socialiste ! Ces gens n'ont jamais travaillé et, depuis des années, leur métier consiste à grenouiller dans la politique politicienne avec à la bouche les mots qui dissimulent la bave de leur orgueil, de leur vanité, de leur narcissisme, de leur égocentrisme : Démocratie, Liberté, Nation, Égalité, République, Fraternité, Peuple. Dès que l'un de ces mots sort de leur bouche, une sale chose se cache, à défaut de se cracher.

Bien sûr, tout ce qui est pourri chez lui est présenté par lui comme de première fraîcheur. Pas question d'avouer qu'il veut la mort politique de Hamon, qui le menaçait comme frondeur quand il gouvernait à droite – dans la plus grande tradition de l'orthodoxie socialiste depuis 1983 ; pas question de dire qu'il préfère ouvertement un Parti socialiste mort sans lui plutôt que vivant avec un autre ; pas question de confesser qu'il aurait voulu le trône de candidat du PS et que, faute de l'avoir, il en fait rageusement du petit bois ; pas question de reconnaître qu'il avance de la sorte les premières pièces de son futur jeu politicard en commençant par tuer Hamon, avant de couper la langue de Macron avec ses dents pour réduire sa victime au silence ; pas question de convenir qu'il est seulement mû par la jalousie, conduit par le ressentiment, mené par l'envie, dirigé par l'orgueil. Non.

Si Valls trahit, c'est pour la grande et belle cause, la seule, la vraie, l'unique : face à la menace que représente Marine Le Pen, il faut sauver la République et sauver la République, comprenne qui pourra, c'est voter Macron ! Autrement dit : voter pour le programme qui constitue le carburant de Marine Le Pen depuis un quart de siècle !

Que les choses soient clairement dites : soit Marine Le Pen n'est pas républicaine, qu'on le prouve et qu'on interdise son parti, puis qu'on la mette en prison pour cent ans ; soit elle est républicaine, et ceux qui votent pour elle ont droit au respect. Qu'on mette alors sous les verrous pour un même siècle ceux qui gouvernent avec la peur pour seul programme.

Lui rappelle-t-on, fort opportunément, qu'il a signé une charte qui l'engage ? Le voilà, jugulaire, qui répond : « L'intérêt supérieur du pays, l'intérêt supérieur de la France, va au-delà des règles d'un parti, d'une primaire et d'une commission. » C'est beau comme du Déroulède !

Lui dit-on, fort justement, qu'il se met hors la loi du parti, qu'il rétorque : « Moi ? Je serais exclu par ceux qui n'ont respecté aucune règle pendant cinq ans ? » Ce petit marquis oublie que celui qui a oublié, le grand oublieur, le vrai oublieur, c'est celui qui ne s'est pas souvenu que son ennemie, c'était la finance et qui en a fait son amie pendant cinq années d'un gouvernement fort profitable au vote lepéniste. Les frondeurs, eux, voulaient que les règles fussent respectées par Valls, qui s'en moquait alors avec morgue et suffisance.

Hollande, Valls et Macron, qui sont les trois noms d'une même Gorgone, sont avec leur politique identique les plus grands pourvoyeurs de l'électorat mariniste. Qui dira à ces trois hommes du quinquennat qui s'efface que les dangers pour la démocratie, ce sont eux ? Une partie du peuple, qu'ils voueront alors aux gémonies.

Dans la foulée, le même Valls a proposé ses services à Fillon au cas où il remporterait la présidentielle. Pour, une fois de plus, sauver la République, bien sûr...

77

Le cirque plein d'air

Poutou n'aime pas les poutous

Mardi 4 et mercredi 5 avril
Nuit debout...

Dieu qu'il faut s'en taper, des pensums, pour tenir cette chronique... Ces quatre heures d'un débat à onze ont été présentées par les journalistes comme « historiques » ! La chose a été dite avant le débat ; puis elle a été répétée à satiété ensuite sur le plateau de BFM TV. Voilà qui témoigne que, désormais, chez les tenants de la carte de presse, on confond hystérique et historique. Pareil mot utilisé mal à propos prouve qu'on a totalement oublié ce qui pouvait vraiment relever de cette rubrique ! Si réunir onze candidats dans un décor de jeu télévisé avec deux dames bien coiffées qui interrompent leurs interlocuteurs après une minute et demie de parole permet de dire que ce barnum, ce bazar, ce cirque, c'est de l'histoire, alors cette engeance est tombée bien bas ! Car il n'y eut rien qui ressemblât à de l'histoire. Tout juste un show télévisé coupé en deux par une longue séquence publicitaire qui a dû rapporter bonbon à la chaîne.

« Il n'y a pas ici de petits candidats », dit l'une des dames bien coiffées à un petit candidat. Non, bien sûr, il n'y a pas de petits candidats, sauf que le temps de parole le plus court, celui de Jacques Cheminade, est celui d'un petit candidat, voire du plus petit des petits candidats : 15 min 38 s ; et que le temps le plus long est celui d'un grand candidat, c'est même celui de la favorite des grands candidats : Marine Le Pen : 19 min 26 s, ce qui fait un écart de 4 min 28 s, c'est beaucoup, quand la moyenne est de 18 minutes !

Les grands candidats étaient sur leurs gardes : ils avaient à perdre, certains beaucoup, tel ou tel pouvait tout gâcher sur une seule faute ; les petits candidats avaient tout à gagner : ils n'étaient rien, le risque d'être moins que rien était nul.

Les seconds sont donc restés en retrait, parfois se faisant boxer sans réagir, ainsi Mme Le Pen ou M. Fillon, pendant que les autres y allaient : Lassalle en géant mystique, la tête levée vers le ciel – en fait, vers les projecteurs, l'a-t-il compris ? François Asselineau en dévot des articles des codes et traités qu'il cite à la manière d'un enfant de chœur appliqué un jour de catéchisme ; Nathalie Arthaud en pit-bull rouge vif la bouche pincée, le buste flottant dans un haut en nylon lie-de-vin aux motifs indiscernables ; Jacques Cheminade en costume mal ajusté de Père-la-Colère, un peu de bave blanche à la bouche de temps en temps ; Dupont-Aignan, en arrière-petit-neveu par alliance du général de Gaulle, furieux d'avoir oublié son képi dans sa loge ; et puis Philippe Poutou, pas rasé, en veste de pyjama, grand ado au crâne dégarni qui n'en revenait pas d'être là.

Le spectacle, ce fut lui : il a commencé par refuser d'aller sur la photo de groupe et préféré parler à ses copains. En fait, le plus souvent, une copine, le cheveu gris qu'on imagine sec comme de la limaille, un peu rouge, je parle du teint, avant qu'à la fin, après avoir tombé le gilet, la nouvelle partie anticapitaliste devienne franchement rougeaude. On l'imagine importante tant il s'est retourné vers elle pendant le débat, guettant l'assentiment, quêtant l'encouragement, sollicitant le bravo. Le son manquait, mais je l'imagine bien disant quelque chose du genre : « L'ai-je bien descendu ? » après sa tirade contre Fillon, ou son mitraillage de Le Pen !

Le cirque éteint, les journalistes l'ont trouvé obscène, grossier, pas à la hauteur des enjeux et de la solennité de la situation a même dit une autre dame bien coiffée. Ouvrier, devaient-ils penser. Il m'a bien plu, à moi, ce grand chauve dans son Babygro.

Pas sûr que Fillon, qui avait regretté l'absence des petits candidats lors du premier débat, ait béni ceux qui lui ont donné raison ce soir-là en invitant les fameux petits qui, presque tous, ont été grands.

78

Une France sans Français

Marine Le Pen connaît bien Platon

Lundi 10 avril

Je me pose la question : Marine Le Pen est-elle en train de lire les œuvres complètes de Platon ou bien assiste-t-elle, déguisée en fils de famille boutonneux, aux séminaires que donne Alain Badiou à l'École normale supérieure ? À moins qu'elle ne soit à la fois lectrice du philosophe grec des Idées et auditrice du penseur parisien des Concepts – sinon du penseur des concepts parisiens.

Car Platon a fait carrière avec cette étrange fiction que le réel n'existe pas, sinon comme une illusion, alors que les Idées qui, elles, n'existent que dans son cerveau sont les seules à exister véritablement. Autrement dit : ce que l'on voit n'est pas ; ce que l'on ne voit pas est. Mieux : ce que l'on croit voir quand on voit est faux ; ce que l'on est sûr de ne jamais voir, cela seul est. On comprend qu'avec une couche de judéo-christianisme par-dessus, pareille folie ait pu accoucher d'une civilisation la tête à l'envers.

Cette fable pour les enfants a engendré vingt-cinq siècles d'une pensée qui nous a façonnés. Dernier platonicien en date : Alain Badiou, pour qui l'Idée communiste n'a rien à voir avec le réel qui s'en est inspiré dans l'histoire. Dit dans un langage moins éthéré, cela donne : le marxisme-léninisme a certes tué, mais ce n'étaient pas des morts, puisqu'une Idée ne saurait tuer. Dont acte...

Marine Le Pen embouche la trompinette platonicienne en affirmant en pleine campagne présidentielle que la France n'est pas responsable de la rafle du Vél' d'Hiv. Qui alors ? Réponse : le gouvernement français – qui n'a rien à voir avec la France. Tiens, il me semblait pourtant que Pétain avait obtenu les pleins pouvoirs en vertu d'un vote de la majorité des députés de la Chambre du Front populaire, socialistes et communistes compris. « Non », répondent les gaullistes fraîchement convertis : la France, elle était (comme dirait Hollande) à Londres.

Quelle étrange façon de penser ! On saucissonne la France et l'on choisit ses tronçons : l'un prend le bout droit ; l'autre préempte le bout gauche ; un troisième achète le milieu, avec un peu du bout gauche ; un dernier ramasse encore le milieu, mais avec un peu du bout droit...

Quand de Gaulle a créé cette fadaise d'une France à Londres et de rien du tout à Vichy, il avait besoin de rassembler pour gouverner un pays déchiré, y compris avec les communistes qui, pacte germano-soviétique oblige, avaient deux années de collaboration avec l'occupant à faire oublier.

Quand, sur cette prestidigitation, Mitterrand emboîte le pas au général qu'il a toujours haï (ce fut sa seule constance...), il avait lui aussi de bonnes raisons : un passé antisémite, un militantisme d'avant-guerre aux côtés de l'extrême droite, une collaboration avec Vichy, une francisque remise des mains mêmes du maréchal Pétain. De fait, pour un tel homme, le mythe de la France partie à Londres et de Vichy comptant pour du beurre de marché noir, c'était un truc utile.

À l'heure où les acteurs de cette époque ne sont plus, et où l'on pourrait enfin faire de l'histoire, il serait bon qu'on évite de penser en hémiplégique de droite ou en hémiplégique de gauche : la France fut à Londres *en même temps* qu'elle fut à Vichy. La France, ce fut de Gaulle, pour l'honneur et la gloire de l'homme et du pays, *mais aussi* Pétain, pour la honte et le déshonneur de l'homme et de la patrie.

La France sans les Français qui la font, c'est une bêtise platonicienne. La France n'est pas une Idée, mais une Matière. Une matière faite d'étoiles et de glèbe, d'enfer et de paradis, de hauts faits et de basses œuvres, de génies radieux et de bouchers malades, d'aigles royaux et de vermine rampante, de saints et de tortionnaires. Choisir, c'est mutiler et mentir. La France à la carte ne coïncide pas avec une carte de France.

79

La petite bête qui monte

Mélenchon, produit marketé

Mercredi 12 avril

Dans le feuilleton médiatique des présidentielles, « je voudrais le vieux sage », dit le spectateur moyen qui en a assez des costumes d'un vieux beau, des déclarations de fortune escamotée d'un jeune con, des utopies infantiles d'un apparatchik ou des vociférations d'une Walkyrie qui s'habille en Prada.

« Jacques Séguéla » – je nomme ainsi toute personne qui prostitue son intelligence à vendre de l'immondice en prétendant qu'il s'agit d'or puis à le faire manger avec une cuillère en argent – répond : « J'ai. »

Il se fait que, pour le coup, « Jacques Séguéla », c'est « Sophia Chikirou », mais ça pourrait tout aussi bien être « Perrette et le pot au lait » ou « le Petit Chaperon rouge », voire « Alice au pays des merveilles ». Son produit ? « Le Mélenchon nouveau » – vendu comme le beaujolais qui est aux grands bordeaux ce que l'on sait, du moins pour ceux qui connaissent les grands crus.

Hier, Mélenchon, c'était un pur et dur de l'Organisation communiste internationale, il se réclamait de Trotski, l'inventeur de l'Armée rouge, un homme qui a fusillé les ouvriers qui demandaient le Soviet alors que le Parti léniniste avait confisqué la révolution à son profit ; puis ce fut un socialiste bien protégé et bien nourri, gras dodu dindon, parfois barbu, parfois glabre, pantouflant pendant des années chez les apparatchiks de la rue de Solférino, une fois sous-ministre, une autre député, une autre président de conseil général, député européen, longtemps sénateur ; puis ce fut, chez cet homme qui se pique de connaître l'histoire, le socialiste qui a voté « Oui » à Maastricht et méprisé de moins vaniteux que lui qui avaient, eux, compris que cette voie serait fatale aux gens modestes et qu'ainsi toute politique de gauche devenait impossible en France ; ce fut enfin, récemment, l'homme au drapeau rouge, qui faillit faire une syncope à la mort de Castro, après avoir dit du bien d'un grand nombre de dictateurs de la planète, pourvu qu'ils soient de gauche, en commençant par Robespierre. Jusqu'ici, vociférant et haranguant, éructant et menaçant, agressif et méchant, braillant et invectivant, il se prenait pour Fouquier-Tinville. Il fallait le retenir…

Aujourd'hui, Mélenchon, c'est tout le contraire. Pour les gens sans mémoire, pour les vieux atteints d'Alzheimer, pour les pressés acéphales, pour les naïfs et les distraits qui découvrent son existence, Mélenchon, c'est le beaujolais nouveau du marxisme-léninisme. Ça a les allures du vin, c'est dans une bouteille avec une étiquette, il y a bien un bouchon, un liquide sort du flacon débouché, ça peut se boire si l'on veut savoir si, cette année, le produit chimique qui colore l'eau déminéralisée, c'est la banane ou la framboise écrasée. Mais c'est une marchandise frelatée...

Voilà donc notre nouveau produit marketé par Sophia Chikirou, la dame qui fit carrière très jeune au PS avant d'être propulsée en 2006 « porte-parole de Laurent Fabius dans les primaires internes socialistes », puis de passer chez Jean-Marie Bockel de la « Gauche moderne », un homme qui est devenu ministre d'ouverture dans le gouvernement... Fillon II. On mesure les convictions de gauche de la jeune dame née en 1979 !

Les reportages dans *Gala*, les recettes végétariennes au quinoa de crevettes, les postures *psy-show* sur le divan de Karine Le Marchand, l'hologramme qui duplique César en ectoplasme, le costume de conducator, peut-être même le triangle rouge du déporté arboré sans vergogne au revers d'une veste souvent retournée, tout ça, c'est elle.

Et puis il y a eu une bénédiction qui a fait prendre la mayonnaise : dans le débat avec lesdits « petits candidats », il faisait partie desdits « grands ». Les petits qui n'ont rien à perdre se sont lâchés. Poutou et Arthaud ont fait le spectacle : colère, mépris, attaques, agressions, insultes, grossièretés. Drôle...

Pendant ce temps, le Mélenchon nouveau riait sous cape : il jouait à contre-emploi un rôle de composition. Cet agressif se montrait calme, ce sanguin apparaissait sage, ce colérique semblait zen, cet exalté donnait l'impression d'être serein, ce vociférant robespierriste passait pour un Père protecteur, un candidat prêt à donner son corps à la France.

Soudain, le moment était venu : le produit pouvait faire illusion. Le quinoa donnait des fleurs ; les crevettes aussi. Face à ceux qui mettaient le feu à la baraque médiatique, ce pyromane endossait l'habit du pompier. Ça a marché. Depuis, il plane au-dessus des eaux…

80

Sa suffisance se suffit

Hollande historien de Hollande

Vendredi saint, 14 avril

Hollande est un homme qui s'est trouvé en face de l'Histoire, n'en a rien fait et a le toupet de s'interroger sur la trace qu'il va y laisser. Comme ils sont nombreux à penser que ce sera une trace de pneu socialiste avant d'aller au fossé, il se fait l'historien de lui-même et il est très content de sa vie, de son œuvre, de ses traces. Très.

Il fait de Franz-Olivier Giesbert le témoin de cette réécriture de soi dans un long entretien publié dans *Le Point* sous le titre : « Hollande. L'entretien testament. » En effet, ça sent le sapin et le funérarium pour le Corrézien qui recourt pour lui-même aux soins conservateurs de la thanatopraxie en toute immodestie.

Face à FOG qui lui dit que, s'il écrivait sa biographie, il l'intitulerait *L'homme qui ne voulait pas être président*, Hollande se cabre : d'abord il l'a voulu, ensuite il l'a été, enfin il s'en est très bien acquitté : « Je voulais être président pour agir et, une fois élu, j'ai rempli pleinement ma fonction face à tout ce qu'il m'a fallu affronter : les guerres, le terrorisme et les réformes sociales, économiques, administratives que j'ai menées. »

En effet : il a fait bombarder des populations civiles musulmanes sous prétexte d'arrêter le terrorisme ; le terrorisme a bien sûr continué et il l'a vigoureusement traité en déposant des peluches verbales sur son compte Twitter ; il a renoncé à ses réformes économiques qu'il a châtrées sous la pression de la rue – la loi Macron et la loi El Khomri ; enfin, il a fracturé le pays en deux avec un mariage homosexuel qu'il a utilisé pour faire croire aux gogos, journalistes en tête, qu'il existait bien une différence entre la droite et la gauche, bien qu'ils conduisent une même politique dictée par Bruxelles.

Hollande brosse ensuite un portrait de lui en or massif : insensible aux flatteries et aux calomnies ; honnête, ne confondant pas sa personne avec le pays ; n'abusant pas de sa fonction ; ne manquant pas à l'éthique ; dévoué, désintéressé, courageux, robuste ; héroïque dans la posture de l'antihéros – il vaut mieux en effet compter sur soi-même pour un pareil panégyrique ! Il faudra en parler au pape François, ça sent la béatification...

Puis il ajoute : « Je suis fier d'avoir redressé l'économie française : elle va mieux qu'en 2012, personne ne peut le contester. » Il faudrait demander leur avis aux chômeurs, aux précaires, aux gens qui recherchent un emploi... On ne le félicite pas ? C'est normal : « Dans notre pays, les réussites, les avancées, les progrès ne sont jamais salués » – chacun aura en effet pu voir combien Hollande avait rendu possibles les réussites, les progrès, les avancées... du FN sous son quinquennat !

Content de lui, il en appelle au « rétablissement des comptes publics à travers de nécessaires et difficiles augmentations d'impôts ». C'est en effet « difficile » quand on est socialiste de faire payer les gens modestes, d'épargner les vrais riches et d'augmenter les impôts de la classe moyenne ! Il se félicite aussi de « la baisse des charges des entreprises », une autre réforme socialiste puissante qui aura enrichi ceux pour qui l'augmentation des impôts aura été déjà la moins douloureuse.

L'homme qui avait dit qu'il se plierait aux primaires de son parti dit maintenant que ça n'était pas une bonne idée. Drôle qu'il n'y ait pas songé avant… Mais avant, sa suffisance croyait qu'il gagnerait la course haut la main.

À FOG qui lui demande : « Considérez-vous qu'une certaine reprise du dialogue social est votre plus belle réussite ? », il répond, sans rire : « Ce n'est pas la seule. Si je les énumérais toutes, un numéro du *Point* n'y suffirait pas ! » Il liste : « Les postes créés dans les établissements scolaires en difficulté », rien d'autre, puis, dans la foulée : « Je pourrais continuer comme ça jusqu'à plus d'heure. » On aura bien lu…

Ce faux modeste est un véritable vaniteux, ce faux normal est un véritable autiste, ce faux gentil est un vrai cynique, ce faux souriant est un vrai Machiavel. Chez Sarkozy, la folie était visible, brillante, clinquante, luisante ; chez Hollande, elle est profondément cachée, tapie, enfouie. On pourrait ajouter quelques chapitres à cet ancien livre qui s'intitulait *Ces malades qui nous gouvernent.*

81

Le spectacle nu de la caste médiatique

Macron & Le Pen, Top Chefs

Mercredi 3 mai

Dans les jours qui ont précédé ce fameux débat d'entre les deux tours, les médias ont abondement montré des images d'archives de ceux qui ont opposé les libéraux de droite et de gauche depuis des décennies. Giscard contre Mitterrand, Mitterrand contre Chirac, Chirac contre Jospin, Sarkozy contre Royal, Sarkozy contre Hollande. L'histoire témoigne, depuis 1983, tous ces gens-là ont mené la même politique libérale : celle de l'État maastrichien. S'il fallait trouver une généalogie au vote lepéniste, peut-être faudrait-il commencer par là, non ?

La seule fois où il y aurait pu y avoir un débat entre un maastrichien et un autre, Chirac et Le Pen, la rencontre n'eut pas lieu, car le système rend possible un parti, le FN, un leader, l'un des Le Pen, leur campagne officielle, leurs militants, leurs meetings, même en état d'urgence, leurs temps d'antenne, il rembourse leurs frais de campagne avec de l'argent public, tout en se mobilisant contre ce parti pour en faire un mouvement d'extrême droite, rempli de vichystes, de pétainistes, de nazis, de négationnistes, de révisionnistes, de pourvoyeurs de camps de la mort qui mettraient la démocratie en péril.

Si tel était le cas, pour quelles raisons lui laisser la parole et le subventionner ? Les libéraux de l'État maastrichien seraient-ils coupables d'intelligence avec l'ennemi ? À moins que ce dispositif de diabolisation ne leur permette de transformer des élections devenue difficiles à gagner après tant d'années de mensonges en plébiscites faciles à emporter, des plébiscites qui portent à la tête de l'État ceux-là même dont les électeurs ne veulent plus, et tout ceci sous prétexte qu'il faudrait éviter que la France n'ouvre de nouveaux camps d'extermination...

La clique journalistique a paru tomber des nues après ce débat en jugeant la prestation de Marine Le Pen pitoyable, minable, agressive, nulle, pas à la hauteur des enjeux d'une présidentielle. Cette fois-ci, la caste avait raison.

Mais elle avait tort de ne pas comprendre que son ébahissement tenait au fait que Marine Le Pen avait dans cette soirée concentré tout ce que la clique trouve normal de distiller habituellement, pourvu que ce soit de manière homéopathique. Le spectacle que la caste veut est à ce prix ; ce soir-là, il n'y eut que le spectacle : le spectacle nu de la caste médiatique.

Car, à l'évidence, Marine Le Pen fut nulle et minable, pitoyable et agressive. Elle a en effet été ricanante et riocheuse, cynique et méchante, fielleuse et méprisante, arrogante et insolente, effrontée et détestable, impolie et grossière, odieuse et ignoble, abjecte et ignominieuse, aboyeuse et vociférante, mais comme les autres candidats l'ont été depuis les années 1970.

Souvenez-vous : le « vous n'avez pas le monopole du cœur » de Giscard à Mitterrand qui répondit au débat suivant à celui qui était devenu dans l'intervalle « l'homme du passif » qu'il n'avait pas non plus le monopole du cœur, car il aimait « les chiens et les chats » – tout cela valait bien la grosse ficelle séguéliste de la « femme du pouvoir d'achat » opposée à « l'homme du pouvoir d'acheter ».

L'allusion de Giscard à l'Auvergne, une région que Mitterrand connaissait bien disait-il, et pour cause, le premier secrétaire du Parti Socialiste y avait toute sa famille cachée, sa jeune maîtresse Anne Pingeot et sa fille naturelle Mazarine – tout cela valait bien l'allusion de Le Pen à Macron qui, bravache, refusait d'être traitée comme sa prof parce que ça n'était « pas son truc », au contraire de son interlocuteur dont chacun connaît la relation qui est la sienne avec son ancienne enseignante de théâtre dans un lycée privé.

Le mensonge éhonté de Mitterrand qui, « les yeux dans les yeux », fait croire à la France entière que Chirac, son Premier ministre, a laissé sciemment sortir de prison un terroriste en sachant qu'il était coupable – tout cela valait bien les mensonges répétés de Marine Le Pen qui ignorait qu'à l'ère des réseaux sociaux, ce genre de menterie de type mitterrandien n'était plus possible.

Le débat de la colère feinte, surjouée, répétée avec ses coachs et voulue pour des raisons de communication afin de faire sortir Sarkozy de ses gonds par Ségolène Royal, est peut-être celui qui a le plus préfiguré cette soirée mortelle pour la fille de Le Pen. Mais agresser bille en tête, vouloir taper fort, faire de l'ironie grinçante, comme le fit Madame Royal, ne lui fut pas rentable, puisque ce fut Sarkozy le gagnant de cette soirée. Les communicants du FN ont pourtant choisi cette stratégie, elle s'est avérée non pas meurtrière pour l'adversaire transformé en ennemi, mais suicidaire pour leur cliente.

Les journalistes n'en revenaient pas parce que Marine Le Pen a concentré en un peu plus de deux heures tout ce avec quoi ils font habituellement leurs choux gras. Seulement, comme elle le fit en chirurgien de guerre sous cocaïne et non en homéopathe enveloppant sa haine dans l'habituel sirop médiatique, la caste vit ce qu'elle avait produit : un monstre.

Il lui fut facile le soir même, sur les plateaux où l'on « débriefe » pendant les « after » de pérorer (sans la présence d'un seul défenseur de Marine Le Pen, au diable le CSA...) en affirmant que le dimanche suivant, bien sûr, il fallait se débarrasser de cette folle sans s'interroger une seule seconde sur ce qui avait rendu possible ce degré zéro de la politique affrontant un autre degré zéro – mais un zéro bien poli, propre sur lui, bien habillé, avec juste de petits filets de bave blanche entre les lèvres (la régie passait alors à des plans larges...) pendant que Marine Le Pen essuyait régulièrement sa bave, avec ses doigts, des signes que les « sémioticiens » (!) habitués des plateaux de La Chaîne parlementaire n'ont évidemment pas vus...

82

Au revoir, au revoir présidente...

Le naufrage de la Marine

Jeudi 4 mai

Le cœur nucléaire de la politique de Marine Le Pen n'était possible qu'avec la sortie de l'Europe maastrichienne au profit d'une Europe des souverainetés qui, avec la recouvrance de la liberté perdue, rendrait possible une sortie de l'État maastrichien. Il en va de même chez Jean-Luc Mélenchon. Voilà pourquoi l'une et l'autre, en fin de campagne, pour des raisons purement électoralistes, il ne fallait pas effrayer l'électeur élevé aux hormones de Bruxelles, ont mis de l'eau dans leur vin au point d'en devenir illisibles sur ce sujet.

Le naufrage de Marine Le Pen, le soir du désormais fameux débat, s'est fait avec nombre de voies d'eau : outre la stupéfiante arrogance, les rires sardoniques et ironiques, gras ou épais, les attaques *ad hominem* et les sous-entendus, les procès d'intention et les allusions à la vie privée, il y eut surtout ce qui crevait l'écran : l'impréparation, l'ignorance des dossiers, le dilettantisme, la confusion des fiches et des notes, l'aveu que la documentation provenait du Net, le recours à la pirouette rigolarde en lieu et place de l'argumentation, l'impossibilité de répondre au technocrate Macron, extrêmement entraîné, autrement qu'avec une référence à la série télévisée *Les Envahisseurs*, tout cela montre que, depuis des années, *elle ne travaille pas*...

Car il est vrai que ce débat aurait pu être un débat de civilisation : outre les deux figures censées les incarner (hélas pour les souverainistes dont je suis...), il opposait en effet deux France : *la France du marteau* libéral maastrichien, qui tape et cogne sur les plus modestes, qui enfonce le crâne des défavorisés, écrase les pauvres, ne protège plus les gens de peu qu'elle expose, tient sous l'eau la tête des victimes de la mondialisation, et, en face, la *France de l'enclume* sur laquelle les coups sont portés sans relâche depuis au moins un quart de siècle.

Marine Le Pen, comme Jean-Luc Mélenchon, n'ont aucunement tiré les leçons de l'échec de leur héros, Alexis Tsipras, et de son parti, *Podemos*, un échec qui conduit aujourd'hui Varoufakis, leur idéologue marxiste grec qui enseigne l'économie (!) aux États-Unis, à appeler à voter Macron !

La ligne de la « fleur bleue » mariniste contre la flamme lepéniste est celle de Florian Philippot. N'avoir pas prévu de plan B en cas de sortie de l'Europe maastrichienne et de l'euro, ni même de plan B médiatique, (puisqu'il fut question d'un Ecu auquel Marine Le Pen n'avait rien compris et qui a laissé Macron ironique et pantois, alors qu'il aurait pu alors l'écraser comme une mouche sur cette colossale imbécillité...), cette impréparation montre que les philippistes ont lourdement perdu.

Le FN est un parti discipliné. Jusqu'au soir du deuxième tour des législatives, il va laisser Marine Le Pen faire le travail. Nul doute que la ligne philippiste et mariniste sera critiquée : elle n'est déjà pas majoritaire au FN où ce sont les idées de Marion Maréchal-Le Pen, donc de Jean-Marie Le Pen, qui le sont.

La fille va être contestée ; le père a déjà souffleté sa fille sur les ondes de la radio dès le lendemain ; la nièce peut chauffer sa voix en coulisse. L'inévitable recomposition le soir du quatrième tour qui montrera la véritable nature de l'Assemblée nationale se fera sans Philippot, Collard et consorts.

Dans cinq ans, ce que la fille poissarde n'aura pas plus réussi à faire que son père poisseux, la nièce sera en mesure d'y parvenir. Ce qui restera de la droite qui ne se sera pas ralliée au macronisme ira chez elle. Le fameux plafond de verre éclatera alors en mille morceaux. Que diront alors ceux qui crient au loup fasciste depuis des années ?

83

Triomphe de la post-vérité

BHL, fils, fille et gendre

Samedi 6 mai

À la Maison de la Chimie, BHL a mobilisé des intellectuels et des politiciens de ses amis pour appeler à voter contre Adolf Hitler. Comme son fils est l'un des avocats de Fillon, il n'est pas venu ; en revanche, il avait apporté avec lui sa fille Justine Lévy, bien connue pour avoir raconté dans un récit la saga qui, sous la même couverture, chez Stock, rassemblait un père, son propre fils et une même femme dans des aventures torrides qui avaient plus été chroniquées dans *Gala* et *Voici* que dans la *Revue de métaphysique et de morale.* On apprenait également dans cet ouvrage comment elle et son mari qui préparait alors l'agrégation de philosophie, auraient fait le voyage en Suisse afin de faire passer *ad patres* un enfant de cinq mois qu'un déni de grossesse avait déjà écarté du monde.

Justine Lévy écrit des livres, plutôt dans le style de Christine Angot. Elle est donc habilitée à donner des leçons, non sans avoir pris soin d'affirmer dans la deuxième ligne de sa tribune parue dans *Le Monde* qu'elle n'était pas légitime à donner des leçons. Voici la thèse de son article : « S'abstenir c'est donner son vote au plus fort – et (...) le plus fort aujourd'hui, c'est la plus forte ». Voilà qui est un paralogisme ! Et le paralogisme est l'ami de la post-vérité.

Qu'est-ce qu'un paralogisme ? C'est une erreur de raisonnement faite à l'insu de son plein gré. Il est donc la preuve qu'on ne sait pas raisonner ; dès lors, il témoigne qu'on déraisonne.

Veut-on un exemple ? Restons en famille, et prenons par hasard Raphaël Enthoven, l'ex-mari de Justine Lévy, qui réagissait ainsi sur Europe 1 au lendemain de la mort d'André Glucskmann : « On l'a accusé de reniement. (...) Or, je crois que c'est le contraire [*sic*], André Glucskmann était l'amant de la liberté. C'est par fidélité à lui-même et à sa seule maîtresse la liberté, qu'il a changé le contenu de son adhésion, de son discours, parce qu'il suivait la liberté là où il croyait la voir. C'est un homme qui a effectivement changé de camp mais qui n'a jamais changé d'avis. C'est une constance magnifique. » Traduit en français, cela donne ceci : changer d'avis, c'est être fidèle ; se renier, c'est se montrer constant ; passer de l'extrême gauche maoïste au sarkozysme de l'identité nationale, c'est asseoir la fermeté de ses points de vue ; avoir été membre du PCF et appeler à voter Sarkozy, c'est prouver la rectitude de son trajet – « une constance magnifique »... Changer de camp sans changer d'avis, voilà un paralogisme – mais il n'y a là rien d'étonnant : le paralogisme est le fonds de commerce de Raphaël Enthoven.

Revenons au paralogisme de son ex-femme : si s'abstenir de voter, c'est faire le jeu du plus fort comme elle l'écrit, alors s'abstenir c'est faire le jeu… d'Emanuel Macron, car, l'ignorerait-elle qu'elle serait bien la seule, le candidat pour lequel elle appelle à voter est donné aux alentours de 60 % d'intention de vote par tous les instituts de sondage avec une Marine Le Pen dans les parages de 40 %. Or, écrit-elle, « le plus fort aujourd'hui, c'est la plus forte » – autrement dit : 40 % c'est plus que 60 %… Va-t'en comprendre !

Dernier paralogisme en date, la une de *Libération* ! Une « une » d'anthologie – comme celle qui annonçait la naissance d'un bébé cloné chez les Raëliens, une fausse nouvelle jamais démentie en une par le journal à ce que je sache… Quelle joffrinade va entrer dans l'histoire de la bêtise ?

« FAITES CE QUE VOUS VOULEZ MAIS VOTEZ MACRON »

Ce paralogisme est un cas d'école primaire, très primaire. Dès lors, nul besoin de l'expliciter. Dans cette campagne, on aura vraiment touché le fond en tout.

Pour ne pas conclure

Les loups sont entrés dans Paris

Macron, poupée gonflable du capital

Dimanche 7 mai

Le dispositif a bien fonctionné : comme prévu par le capital, Emmanuel Macron a été élu dans le fauteuil du général de Gaulle. Si ce n'avait été lui, ça aurait été Fillon en second choix : il fallait placer à ce poste un serviteur de l'État maastrichien, ce Moloch totalitaire qui impose la religion du veau d'or et place ses desservants là où ils doivent se trouver pour bien faire fonctionner la machine.

Au moment de l'hystérie française anti-Trump, j'avais écrit dans *Le Point* et dans *L'Obs* qu'il n'y avait rien à craindre de ses rodomontades et de ses promesses car il était une ruse de la raison capitaliste. Comme Hillary Clinton, il était le candidat du capitalisme et, une fois élu, il était certain qu'il ne pourrait rien faire d'autre qu'obéir au capital. C'est ce qui attend Macron dès sa prise de pouvoir.

Comment ce dispositif l'ayant conduit au pouvoir a-t-il fonctionné ? Avec la grossière complicité du système médiatique qui est lui-même aux mains du capital. Nombre d'articles parus sur Internet ont donné les noms, les collusions, les journalistes, les supports et ces précieuses informations permettent d'effectuer les organigrammes de ces machines de guerre faisant partie du dispositif.

Les hommes d'affaire n'investissent pas dans la presse écrite, les radios ou les télévisions par pure philanthropie : ils se servent de ces supports, qui sont par ailleurs grassement financés par l'argent du contribuable sans lequel ils s'effondreraient, pour vendre les produits qui leurs permettent des retours sur investissements.

Pour un patron, de presse ou d'industrie, des patrons ou des assurances, des communications ou de la grande distribution, des banques ou des médias, le chef de l'État est un produit qui permet un retour sur investissement. L'argent circule à flots dans les perpétuels renvois d'ascenseur qui font communiquer ces dispositifs.

Quiconque pointe un doigt généalogique sur cette machine de guerre capitaliste passe pour un complotiste : qu'on y prenne gare, celui qui stigmatise le complotiste a la plupart du temps intérêt à cacher qu'il fonctionne comme une pièce majeure dans cet appareil – le Système comme il est dit parfois.

Qui peut nier en effet que l'incroyable nombre de unes et d'articles consacrés à Macron pendant des mois n'ait pas permis le passage de l'ombre du banquier d'affaires chez Rothschild à la lumière de l'homme providentiel, qui abolirait la séparation entre la droite et la gauche ? Quand il n'y a plus de droite ni de gauche, alors on peut gouverner à droite toute en prétendant qu'il ne saurait y avoir d'autre politique que celle qu'il propose de façon floue et qui n'est en fait que la toute puissance des marchés paradoxalement imposée par l'État maastrichien.

Une fois la machine de guerre médiatique mise en place, quel était son plan de combat ? Il fallait tout faire pour transformer une élection en deux tours facile à perdre en élection à un tour assimilable à un plébiscite plus facile à gagner.

Rien de mieux, pour ce faire, que de pousser Marine Le Pen autant que possible pour qu'elle soit au second tour, tout en accompagnant ce mouvement d'une stigmatisation dans les médias afin qu'elle ne soit pas élue : la machine de guerre a donc rendu possible la participation de Marine Le Pen aux élections, tout en disant, en même temps, qu'elle était un danger pour la démocratie puisqu'elle portait rien moins que le programme de Vichy, de Pétain et des Nazis... Les visites de Macron à Oradour puis le lendemain au mémorial de la Shoah ont été les moments les plus visibles de ce plan de guerre. Si Marine Le Pen était fasciste, pourquoi lui laisser les mains libres ? Si le système lui a laissé les mains libres, c'est qu'elle n'est pas fasciste – mais que la présentation de ces éléments de langage avait son utilité dans le dispositif.

Pour les besoins de la transformation de l'élection en deux tours en une élection plébiscitaire à un tour, il fallait ensuite discréditer ceux qui combattent l'État maastrichien et défendent une Europe des États souverains. Les éléments de langage sont connus : depuis Maastricht, voter contre l'Europe libérale, c'est prétendument voter contre toute Europe (comme s'il n'y avait qu'une seule idée possible d'Europe !), donc être nationaliste, donc vouloir la guerre – alors que la guerre civile est à nos portes, déjà préparée par la politique sans partage imposée depuis plus d'un quart de siècle par ce libéralisme totalitaire !

Ajoutons à cela que, parmi les éléments de langage repris jusqu'à l'écoeurement par la presse dominante, l'électorat en faveur d'une Europe des nations souveraines contre une Europe libérale est présenté comme rural, provincial, campagnard, sous-diplômé, inculte, puis, ne reculons devant rien, comme raciste, xénophobe, vichyste et antisémite.

Comment faire passer ces éléments de langage dans la campagne ? En faisant de telle sorte que les candidats qui s'opposent à l'Europe libérale soient caricaturaux : Jean Lasalle avec son fort accent béarnais, ses tirades lyriques, ses prises de parole folkloriques faisait tout aussi bien l'affaire que Jacques Cheminade qui a pour programme d'installer des colonies sur la Lune avant de conquérir Mars, ou bien Philippe Poutou qui affirme que le policier assassiné sur les Champs-Elysées par un terroriste islamiste n'aurait peut-être pas été tué s'il n'avait pas été armé, sinon Nathalie Arthaud, professeur d'économie et de gestion dans un lycée, qui veut, comme un prof qui met un élève perturbateur à la porte de sa classe, nationaliser illico les banques et les entreprises sans indemnités compensatoires – tout ce petit monde a, comme c'est étrange, trouvé facilement le parrainage des cinq cents signatures qui semble si difficile à obtenir pour Jean-Luc Mélenchon ou pour Marine Le Pen qui, à eux deux, et avec des programmes bien moins farcesques, rassemblent pourtant plus de 40 % des suffrages !

Ces deux-là, d'ailleurs, auront été fluctuants en fin de campagne sur les questions de l'euro, de la sortie de l'État maastrichien, d'un hypothétique Frexit, d'un abandon de l'euro. S'ils ne voulaient pas être relégués dans le camp des gardiens de chèvres, des lunaires, des martiens, des demeurés ou des bolcheviques, il leur fallait rétropédaler, pédaler quand même, retenir le pédalage, pédaler à côté, pédaler en marche arrière, mais faire avancer le pédalo… Au bout du compte, illisibles et peu crédibles sur ce sujet, ces deux-là se sont eux-mêmes condamnés *in fine* à rejoindre le camp des petits candidats. Ils ont été éliminés.

Le sommet de cette déréliction a été atteint lors du débat d'entre les deux tours par une Marine Le Pen faussement ironique mais vraiment larguée qui crut donner des leçons d'économie à Macron en sortant l'Ecu comme d'un chapeau de magicien. L'énarque quant à lui, faussement dubitatif, mais vraiment sidéré, n'a pas su profiter de cet avantage pour porter l'estocade qui aurait achevé cette corrida pour longtemps.

Que fallait-il faire encore, après avoir mis la presse dominante aux ordres et caricaturé l'opposition à l'État maastrichien, pour ouvrir la route au candidat du système ? Se débrouiller pour que le Parti socialiste explose. Pour ce faire, il y avait des spécialistes en la matière, il fut facile de bourrer les urnes : la chose fut amplement dite, montrée, commentée dans la presse, mais rien ne suivit. Aucune plainte ne fut portée contre cette évidente fraude électorale au sein même du PS. Pour quelles raisons ?

Ce bourrage devait permettre de laisser croire que le candidat choisi apparemment démocratiquement par les primaires avait été sélectionné par les électeurs. Or, Benoît Hamon a été explicitement désigné par l'appareil socialiste pour perdre après avoir gauchisé un PS qui, de ce fait, ne manquerait pas d'exploser sous les coups de l'aile droite du PS, une sensibilité comme par hasard politiquement et idéologiquement alliée à Macron.

Les multiples changements de pied sur la question du revenu minium universel, le noyau dur du candidat socialiste, ont convaincu les téléspectateurs du manque de sérieux de l'apparatchik du parti qui, lui aussi, fut une poupée gonflable – mais de la rue de Solférino dans laquelle François Hollande dispose toujours d'un pied-à-terre.

Après que, contre Sarkozy, la droite juppéiste et filloniste, puis, contre Hollande, la gauche montebourgeoise et frondeuse, ont l'une et l'autre fait savoir que la droite pouvait voter aux primaires de gauche et la gauche aux primaires de droite, il fut bien clair que l'explosion de ces deux blocs serait suivie d'une éviction de leurs deux chefs.

De ce fait, ayant compris que les primaires étaient un piège dans lequel il était tombé après avoir vu Nicolas Sarkozy, son meilleur ennemi, y chuter lui aussi, François Hollande a renoncé à sa candidature personnelle, mais pas à celle de son idéologie, celle du Mitterrand libéral de 1983. Hollande aura été en sous-main le passe-plat du capital et de la finance qu'il prétendait combattre au Bourget.

En soutenant Macron dans l'ombre, Hollande réussissait une opération très rentable pour lui : tuer Montebourg et Hamon, les frondeurs qui ne l'avaient pas soutenu, assassiner Valls qui l'avait lâché en pleine campagne, torpiller Mélenchon qui lui avait pourri la vie, enfin choisir celui qui proposait d'aller plus loin et plus vite que lui dans la même direction : Emmanuel Macron.

La presse dominante en ordre de marche, les opposants à l'État maastrichien caricaturés et facilités dans leur aventure, le PS explosé pour laisser la voie libre à gauche pour Macron, que fallait-il encore faire pour élargir plus encore la route qui le conduirait vers l'Élysée ?

Faire de même avec la droite classique, en l'occurrence celle de Fillon. Sarkozy éliminé, Juppé écarté, restait Fillon qu'il fallait détruire comme Hamon l'avait été. Comment faire ?

La chose est simple : il suffit d'aller chercher dans les poubelles, puis de monter en diamant médiatiquement scintillant les ordures qu'on y trouve. L'homme qui avait construit son image sur une réputation de catholique intègre fustigeant la saleté des autres devient du jour au lendemain le tartuffe intéressé par l'argent qui se fait offrir des montres de collection et des costumes à des prix extravagants par des gens qui avaient bien quelques intérêt à lui faire ce genre de cadeaux obscènes.

Pendant des jours et des jours, relayant les informations dévoilées par *Le Canard enchaîné*, de nouvelles dépêches tombaient comme les gouttes du supplice chinois dans la presse dominante : des emplois probablement fictifs pour sa femme, des salaires versés sur le compte de ses enfants pour des travaux que leur âge leur aurait interdit de faire, des sommes astronomiques payées à son épouse pour de brefs comptes-rendus de lecture publiés sous pseudonyme dans *La Revue des deux mondes*, une société de conseil créé à deux doigts de l'autorisation légale très richement payée pour des conseils que tout le monde ignore… Lesté par ce plomb médiatique, Fillon ne pouvait alors que perdre une élection imperdable. Il l'a effectivement perdue.

Or, il y eut un certain nombre d'affaires dans cette campagne et elles n'ont pas toutes été orchestrées sur le même principe du pilonnage médiatique ! Pour quelles étranges raisons ?

Certes, Fillon s'est fait offrir des costumes Arnys. Et c'est condamnable… Conseillé par Pierre Bergé, soutien de Macron et client de la boutique, Mitterrand y achetait aussi ses chapeaux – des galurins très prisés par Mélenchon. Giscard était client de cette boutique, Estrosi également, Fabius enfin. Pierre Moscovici se serait aussi fait offrir ses costumes de technocrate et de bureaucrate maastrichien par des amis – 13 000 euros le costard… Par qui ? Pour quoi ? On n'en saura rien…

Mais alors pourquoi la presse dominante n'a-t-elle pas fait ses choux gras des tenues de Brigitte Trogneux, épouse Macron, habillée par LVMH dont le propriétaire est Bernard Arnault qui soutenait Macron dans cette campagne ? Le 23 mars 2017, *Le Figaro* publie sur ce sujet un article de Julie Mazuet intitulé « Brigitte Trogneux est habillée par LVMH, et alors ? » – en effet : et alors ? Ce sont « des prêts et non des cadeaux, une nuance de taille *[sic]* » écrit la dame. En effet, ça n'est pas pareil du tout ! Je ne suis pas sûr toutefois que Nathalie Arthaud aurait pu bénéficier de ces « prêts » – ne parlons pas même de « cadeaux »…

Certes, Fillon a fait travailler des collaborateurs sur ses livres, et, pour ce faire, il a rémunéré des membres de sa famille. Et c'est condamnable…

Mais pourquoi la presse dominante n'est-elle pas monté au créneau quand l'information a été donnée dans un média hors système, info Buzzfeed News, que Benoît Hamon avait été pris la main dans le sac à plagiat avec un livre intitulé *Tourner la page*, dans lequel nombre d'emprunts ont été dûment repérés. Qui a payé les nègres de Benoît Hamon ? Sur quels budgets ? Ceux de son couple avec le salaire de son épouse qui travaille chez LVMH ? Ou ceux de son parti ? À moins qu'il ne s'agisse de sa cagnotte propre ? Ou des caisses de son éditeur ? On n'en saura rien.

Certes, Fillon a dissimulé ses sources de revenus car on ne sait ce qui lui permet de faire autant de bénéfices en si peu de temps dans sa société 2F spécialisée en conseils d'on ne sait quoi à je ne sais qui... Et c'est condamnable...

Mais pourquoi la presse dominante n'a-t-elle pas enquêté avec la même ardeur ou pour quelles raisons n'a-t-on pas vu la justice se mobiliser aussi ardemment pour savoir ce qu'il était advenu des formidables bénéfices empochés par Emmanuel Macron quand il travaillait à la banque Rothschild et qui demeurent invisibles sur ses déclarations. Les trois quarts de son patrimoine ont mystérieusement disparu. Étonnant, non ?

Certes, Fillon a pistonné les siens, il a sûrement confondu l'intérêt de l'État et le sien. Et c'est condamnable...

Mais pourquoi la presse dominante n'a-t-elle pas donné plus d'écho au fait que Mélenchon ait été accusé de népotisme, de favoritisme, de gaspillage d'argent public pour avoir pistonné sa fille dans l'accès à un emploi public, favorisé des amis politiques pour éviter le barrage des appels d'offres et payé très cher (près de 300 000 euros si l'on en croit *Mélenchon le plébéien*, un livre de Lilian Alemagna et de Stéphane Alliès publié chez Robert Laffont) des prestations effectuées par des amis, utilisé une voiture avec chauffeur du conseil général alors qu'il n'y était plus élu, continué à toucher ses indemnités alors qu'il ne se rendait quasiment plus aux séances et qu'il a fait l'objet d'un rappel à la loi par le procureur de la République sous forme d'avertissement solennel ?

Pour quelles raisons non plus cette presse dominante n'a-t-elle pas monté en épingle le vol en jet privé effectué par le conducator des Insoumis pour se rendre avec ses amis robespierristes et léninistes, comme c'est mignon, à la Journée commémorative de l'abolition de l'esclavage à Champagney en Haute-Saône le 4 février 2017 ? L'avion privé parti du Bourget s'est posé en fin de matinée sur le tarmac de l'aéroport franco-suisse de Bâle-Mulhouse – une information que ne conteste pas *Libération* dans son édition du 20 avril 2017.

Il y aurait bien sûr d'autres poubelles à vider, d'autres ordures à commenter, d'autres saloperies à mettre sous le scialytique de la lampe médiatique ; mais c'est Fillon qui, pendant de longues semaines, a concentré sur lui, son nom, sa personne, sa figure, ses moindres faits et gestes, l'essentiel des coups portés. De la même manière que Hamon devait tomber, Fillon a chuté lui aussi.

En cassant le PS en deux, avec une aile droite récupérable par Macron et une aile gauche sommée de se consoler chez Mélenchon ; puis en cassant les républicains en deux, avec une aile gauche très compatible avec Macron et une aile droite invitée à aller se faire voir chez Le Pen, la route au centre devenait un boulevard pour le candidat du capital. Pendant que les droitiers de la gauche et les gauchistes de la droite allaient chez Macron, les gauchistes de la gauche et les droitiers de la droite n'avaient plus qu'à passer leur tour. Du moins pour cette fois-ci...

Résumons la stratégie du dispositif mis en place par le Système pour assurer l'élection en un seul tour du candidat du capital dont on est sûr qu'il sera l'homme lige des marchés financiers mondialisés :

1. Lancer la presse du capital, subventionnée avec l'argent du contribuable par l'État libéral, dans l'aventure en pesant de toutes ses forces en faveur de Macron.

2. Sélectionner, financer et ridiculiser les opposants à l'État maastrichien libéral condamnés à faire de la figuration en jouant le rôle desdits petits candidats.

3. Faire monter le plus possible Marine Le Pen tout en la diabolisant dans le but d'obtenir qu'elle soit au second tour afin de transformer une élection périlleuse à deux tours en un royal plébiscite de maréchal à un seul tour.

4. Organiser une grande messe sous prétexte d'antifascisme pour obliger l'électeur à voter Macron sous peine de passer pour un défenseur du national-socialisme.

5. Bourrer les urnes socialistes afin de mettre en avant le candidat choisi pour perdre et casser le PS en deux.

6. Sortir de vieilles affaires pour tuer le tueur de Juppé et de Sarkozy en polarisant le grouillement

médiatique sur ses seules affaires et casser les Républicains en deux.

7. Contraindre la gauche et la droite, l'une et l'autre cassées en deux, à choisir le ralliement à Macron où le cul-de-basse-fosse des oppositions avec privation des prébendes politicardes qui vont avec et assimilation aux fascistes.

Convenons qu'on pouvait ne pas se soumettre à ce dispositif en ne votant ni au premier ni au second tour de cette élection dont j'ai dit depuis des années que son gagnant serait quoi qu'il arrive un exécutant de l'État maastrichien.

Précisons pour conclure que, par hybris, par démesure donc, deux personnes ont été les idiots utiles de cette stratégie. L'idiot utile, c'est celui qui, dans le vocabulaire de Hegel, est la ruse de la raison de l'histoire : il croit agir alors qu'il est agi, il imagine décider alors qu'il est décidé.

L'un était agi par sa formidable mégalomanie ; l'autre, par son incroyable bêtise. Le premier fut le pantin de sa vanité ; la seconde la ventriloque de son immense crétinerie. Il voulait être Robespierre, il eut un thermidor sans guillotine ; elle souhaite être Jeanne d'Arc et le feu n'a pas pris.

D'abord Mélenchon qui, en refusant une stratégie d'union de la gauche, très tôt avec le PCF de Pierre Laurent et très tard avec le PS de Benoît Hamon, a montré qu'il n'était mû que par son égocentrisme, son narcissisme, sa vanité, sa fatuité. Car le peuple au nom duquel il ne cesse de parler est le moindre de ses soucis ; la preuve : l'état dans lequel il le laisse avec cette élection de Macron. Le dégagisme dont il avait fait son mot d'ordre lui a sûrement plus donné raison qu'il ne l'aurait souhaité. Il est au fossé.

Ensuite Marine Le Pen qui, plus que jamais, illustre à ravir la thèse du livre que Renaud Dély lui consacre sous le titre :« La Vraie Marine Le Pen », avec cet excellent sous-titre, « Une bobo chez les fachos ». Son projet politique ne tenait que dans la configuration d'une sortie de l'État maastrichien. Elle a eu une décennie pour travailler ce sujet afin de la défendre dans ce débat de second tour dont elle savait qu'elle y serait ; elle ne l'a pas travaillé, chacun l'a vu. Elle est au fossé.

Le Système s'est réjoui de l'hystérie de Mélenchon et de l'impéritie de Le Pen. Face à ces deux catoblépas, le monstre qui, dans *La Tentation de saint Antoine* de Flaubert, se dévore lui-même, il n'avait nul besoin de concentrer ses troupes de ce côté-là. D'ailleurs, le soir du premier tour, l'élection était déjà jouée. Deux semaines plus tard, ceux qui en auraient douté doivent cruellement en convenir.

Ces cinq prochaines années vont être celles d'un capital qui dispose à l'Élysée d'un agent plus zélé que Hollande, dont la flaccidité empêchait la brutalité – d'un agent plus zélé ou plus ductile, plus souple, plus malléable, plus jeune, plus banquier aussi.

Hollande peut se réjouir : il quitte l'Élysée en ayant placé un homme lige qui aura plus que lui le courage de ses idées – ce qui n'est pas difficile. À cette aune, il peut désormais guetter sa cote de popularité : nul doute qu'elle remontra pendant ces cinq prochaines années. En revanche, celle de Macron entame sa chute dès demain…

Table des matières

Retrouvez Michel Onfray sur son web-média indépendant :
michelonfray.com

12560

Composition
NORD COMPO

Achevé d'imprimer en Espagne
par CPI *(Barcelone)*
le 10 mars 2019.

Dépôt légal : avril 2019.
EAN 9782290161784
OTP L21EPLN002382N001

ÉDITIONS J'AI LU
87, quai Panhard-et-Levassor, 75013 Paris

Diffusion France et étranger : Flammarion